O Guardião das 7 Cruzes

Um Livro Mistério

*Pai Benedito de Aruando - Psicografado
por: Rubens Saraceni*

O Guardião das 7 Cruzes

Um Livro Mistério

MADRAS®

© 2024, Madras Editora Ltda.

Editor:
Wagner Veneziani Costa (*in memoriam*)

Produção e Capa:
Equipe Técnica Madras

Revisão:
Paulo Barroso
Cristina Scamparini

Dados Internacionais de Catalogação na Publicação (CIP)
(Câmara Brasileira do Livro, SP, Brasil)

Aruanda, Pai Benedito de (Espírito).
O guardião das 7 cruzes: um livro mistério / Pai Benedito de Aruanda ; psicografado por Rubens Saraceni. — 6. ed. — São Paulo : Madras, 2024.

ISBN 978-85-370-0576-7

1. Ficção umbandista 2. Obras psicografadas
I. Saraceni, Rubens, 1951-. II. Título.
10-02666 CDD-133.93

Índices para catálogo sistemático:
1. Umbanda : Romances mediúnicos : Psicografia : Espiritismo 133.93

Proibida a reprodução total ou parcial desta obra, de qualquer forma ou por qualquer meio eletrônico, mecânico, inclusive por meio de processos xerográficos, incluindo ainda o uso da internet, sem a permissão expressa da Madras Editora, na pessoa de seu editor (Lei nº 9.610, de 19.2.98).

Todos os direitos desta edição reservados pela

MADRAS EDITORA LTDA.
Rua Paulo Gonçalves, 88 — Santana
CEP: 02403-020 — São Paulo — SP
Tel.: (11) 2281-5555 – (11) 98128-7754
www.madras.com.br

Dedicatória

Dedico esta obra ao Excelentíssimo Dr. Luiz Olinto Tortorello, prefeito de São Caetano do Sul/SP, em reconhecimento ao seu imenso trabalho em prol da sociedade. Jurista e homem público, dedicou toda sua vida em favor do semelhante e tornou-se um exemplo para todas as pessoas que o conhecem e o admiram. Sua simplicidade e franqueza no trato com as pessoas fazem dele esse ser admirável e um exemplo a ser seguido por todos os que almejam ser um grande líder.

Apresentação

Este livro é, em si, um mistério. Quem vier a lê-lo, certamente descobrirá tênues fios que conduzem a muitos mistérios da criação, da Lei e da vida.

É certo que em nossa cultura ainda não há uma literatura iniciática romanceada, e isto tornará este livro um tanto hermético para quem adquiri-lo.

Recomendo que façam uma primeira leitura dele sem se deterem em maiores detalhes em momento algum. Então, após esta primeira leitura, aí sim, releiam-no e, tenho certeza, os mistérios comentados ou ocultados nele se mostrarão aos vossos olhos, assim como toda a biografia do Senhor Guardião do Sétimo Degrau do Mistério das Sete Cruzes assumirá sentido e se mostrará riquíssima em revelações.

Mas, se em algum momento da leitura lhes parecer que falta algo, isto se deverá ao cuidado que tive ao revisá-lo para não revelar o irrevelável e para não melindrar os meus leitores com revelações impossíveis de serem demonstradas a alguém vivendo no lado material da vida.

Acompanhe a jornada do Guardião das Sete Cruzes e enriqueca-se com suas preciosas revelações.

Rubens Saraceni

O Guardião das Sete Cruzes

Tarde da noite, um senhor de avançada idade, que aqui chamaremos de Guido, acordou sobressaltado por causa do horrível pesadelo que tivera.

Ele se vira lançado numa torrente escura onde rostos desfigurados ou deformados o olhavam acusativamente, culpando-o por suas desgraças e infortúnios.

Este não havia sido o primeiro desses pesadelos assustadores, já que ultimamente mal conciliava o sono. Sentia-se lançado em meio aos mais assustadores horrores.

Guido, com certa dificuldade, sentou-se na beira do leito, serviu-se de uma taça de água e, enquanto a bebia, começou a refletir sobre sua vida.

Lembrou-se de si mesmo quando tinha uns poucos anos de vida. Viu-se diante do Papa... que o abençoou e distinguiu-o com carinhosos beijos nas faces.

Aquele fato marcou-o muito e foi fator decisivo quando, com doze anos, o pai sentenciou:

— Guido, meu filho, serás um Papa também!

— Eu não quero ser um Papa. Vou ser um soldado como Gino.

— De jeito nenhum. És muito inteligente para ser um simples soldado. Nasceste predestinado a ser grande, muito grande!

— Papai...

— Não se discute mais. Amanhã mesmo vou confiar sua educação ao monsenhor Giuseppe de Pádua, que te tornará em um ótimo diácono em pouco tempo. Com ele te orientando, no futuro nossa casa estará representada em Roma.

— Papai...

— Nem mais uma palavra. Já decidi e assim será! Tua mãe irá preparar tudo o que irás precisar em Pádua.

Guido entristeceu-se de tal maneira que saiu da sala chorando.

Num tempo em que todos os filhos de boas famílias almejavam entrar para a igreja, ele desejava ser igual ao irmão mais velho, Gino, um soldado que com apenas 22 anos já comandava a defesa do castelo da família. Via Gino cavalgar à frente dos cavaleiros, todo engalonado, e aquilo despertava nele um desejo imenso de acompanhar o irmão, que era seu ídolo.

Saindo da sala, foi direto para seu quarto, chorando muito pelo destino que o pai lhe dera.

Conchetta, sua jovem tia, só alguns anos mais velha, entrou no quarto e pôs-se a consolá-lo:

— Guido, vai ser bom para você ser educado em Pádua. Vai conhecer muita gente importante, e importante também será um dia. Seu pai está certo reconhecendo que é o mais inteligente membro de nossa família. Já pensou como será bom, daqui a alguns anos, todos beijando sua mão e falando assim: "sua benção, sua santidade Guido I!"

Ouvir aquilo, não só não o consolou, como o fez chorar ainda mais; Conchetta abraçou-o e acariciou demoradamente sua cabeça, só o soltando quando adormeceu. Ela o arrumou com cuidado para não acordá-lo, cobriu-o e saiu silenciosamente do quarto.

No dia seguinte, logo ao amanhecer, Gino levou Guido para Pádua, onde chegariam só ao anoitecer, e ele seria entregue aos cuidados do monsenhor Giuseppe, tio de seu pai.

O monsenhor, um homem sisudo e de poucas palavras, recebeu-o das mãos de Gino e encaminhou-o para o interior da enorme catedral de Pádua, que também possuía um instituto de ensino dirigido por padres da santa Igreja católica, onde ficaria alojado junto com outros filhos de boas famílias.

A tristeza inicial cedeu quando conheceu outros meninos de sua idade, também ali internados para, no futuro, tornarem-se membros da hierarquia da Igreja.

Nenhuma família importante deixava de colocar seus filhos mais inteligentes num instituto de renome. E o de Pádua era um desses, pois dele já saíra vários cardeais com posto vitalício na cúria romana.

Monsenhor Giuseppe, ciente do desejo do sobrinho e do potencial intelectual de Guido, direcionou-o para vir a ser um padre. E não poupou esforços para despertar nele o amor pelas coisas religiosas.

Com dezoito anos Guido foi enviado a Roma, onde iria estudar com os doutores em Direito canônico, enquanto iniciaria o sacerdócio como padre auxiliar numa das muitas igrejas que lá existiam.

Nesse tempo Guido recebeu a visita de seu irmão Gino, que viera a Roma a convite do Papa para participar ativamente dos esforços da Igreja contra os príncipes germanos, que ameaçavam com a força militar o poder papal.

Sua fama de ótimo cavaleiro e soldado conduziu-o ao comando de uma milícia que defenderia a cidade santa da contínua ameaça em que vivia, e que ocasionava uma ebulição política prejudicial aos negócios de estado da Igreja.

Gino viera acompanhado de sua esposa e da tia Conchetta. E confiou-as ao irmão, que as hospedou em dependências da igreja onde servia como auxiliar.

O reencontro com a tia não lhe fez muito bem, pois o despertar da sexualidade já o incomodava há alguns anos, e ela, agindo como quando eram crianças e banhavam-se juntos na mais pura inocência, não se envergonhava de trocar-se perto dele, que a advertiu:

— Titia, já não somos mais aquelas crianças impúberes de antes. Muitas coisas em nós mudaram!

— Guido, para mim nada mudou. Só crescemos um pouco.

— As coisas mudaram sim, titia. A senhora já é uma mulher completa, e eu...

Guido calou-se, deixando subentendido que também já era um homem.

— Você o que, Guido?

— A senhora sabe que nós amadurecemos, não?

— Claro. Mas o que mudou entre nós, Guido?

— Tudo, titia. Eu sou um padre!

— Para mim você será sempre o meu querido sobrinho que tomava banho comigo. Lembra-se do quanto era gostoso?

— Lembro-me sim. Mas éramos crianças.

— Está com vergonha de sua tia, Guido? Eu que o carreguei no colo quando você era um bebezinho?

— Não é isso.

— O que é então?

— Vê-la assim, seminua, atormenta-me. Eu fiquei muito tempo longe da senhora e agora a vejo com outros olhos. Portanto, se quiser privar do mesmo teto, não faça mais isto, por favor.

— Você está dizendo que me deseja? É isto que o incomoda?

Após refletir um pouco, ele confirmou:

— É isto, titia. A senhora é muito bonita e eu vivo incomodado pelo desejo. É melhor nos afastarmos um pouco, senão acabarei largando o hábito religioso por sua causa.

— Seu pai te mata se fizer isto, Guido! Ele tem grandes esperanças acerca de seu futuro.

Conchetta aproximou-se ainda mais dele e falou:

— Não precisa fazer nada disso só por minha causa. Eu não vou atrapalhar seu sacerdócio só porque me deseja. Venha, dê-me um abraço bem forte, pois estou morrendo de vontade de abraçá-lo também.

Sentado na cama, Guido ainda se recordava do primeiro dos erros que cometera: abraçara sua tia Conchetta e... entregara-se aos seus desejos.

Em sua agitada vida, ela não havia sido a única. Apenas fora a primeira. Logo seguida por sua jovem e insaciável cunhada. Rostos femininos desfilavam em sua memória, assim como um grande número de filhos não reconhecidos.

— Quantos erros cometi! — murmurou Guido, limpando o suor que corria de suas têmporas. — E não foram os únicos — sentenciou sua consciência já o acusando de muitos outros.

Realmente.

Guido tornou-se um doutor em Direito canônico e aproveitou-se de seu posto privilegiado para subir de cargo na cúria romana.

Instruído por seu octogenário tio Giuseppe, foi galgando postos à custa de acordos políticos escusos, corrupção ou concessões que no futuro iriam consagrá-lo Papa.

E foi como Papa que Guido cometeu seus maiores erros: envolveu todo o cardinalato em uma erupção política, tentando conduzir a conturbada divisão da Itália a um ponto que lhe permitisse eleger um rei para todos os italianos. E não por acaso, um filho de sua cunhada era o escolhido por ele para coroar o processo de reunificação dos principados italianos.

Guido pontificou por quase três décadas e, no seu longo papado, muitas das guerras intestinas entre as muitas facções dentro dos dois principais partidos italianos foram "inspiradas" por ele e seus auxiliares assentados no topo da hierarquia de Roma.

De uma coisa ele tinha certeza: se ia para o inferno, não iria só, pois à sua volta só os mais ambiciosos, os mais astutos e os mais falsos conseguiam permanecer ou durar em seus cargos de confiança.

Num período conturbado, quando o que menos interessava era a religiosidade, ele sobrevivera e reinara, atendendo aos desejos do pai de vê-lo "Papa".

Guido recordou-se de tantos erros cometidos em nome do poder ou em nome de "Cristo", que tomou uma decisão: iria renunciar ao papado para penitenciar-se.

Assim que amanheceu, reuniu seus principais e mais íntimos auxiliares e, numa reunião a portas fechadas, comunicou sua intenção de renunciar.

— Não pode fazer isto, santidade! — exclamou um dos cardeais ali presentes. — O caos tomará conta da Itália!

— E de toda a Igreja! — exclamou outro dos presentes.

— Seu sobrinho, morto de forma tão traiçoeira, abalou-o, nós bem sabemos. Mas este não é o momento para anunciares uma decisão que mexerá com todas as facções religiosas representadas na cúria. Vamos aguardar a próxima reunião dos cardeais para depois anunciá-la, santidade! — sugeriu outro dos presentes.

Guido olhou para cada um daqueles nobres sacerdotes e tentou descobrir qual deles havia ordenado a morte de seu sobrinho, que, na verdade, era seu filho, já que seu irmão era mais estéril que o deserto.

Sim, Gino quando veio para Roma já estava casado há vários anos e não tinha nenhum filho. Mas bastou a afogueada cunhada de Guido flagrá-lo nos braços da tia Conchetta e exigir a mesma atenção em troca do silêncio, para engravidar e dali a nove meses nascer Felipe, seu sobrinho envenenado há cerca de dois meses.

Gino, ou acreditou que finalmente iria ser pai, ou fingiu não perceber como sua fogosa esposa assediava o irmão padre, que o compensava dando-lhe a oportunidade de participar ativamente da política da Igreja com sua sanguinária espada e sua desmedida ambição de poder.

Os dois entendiam-se muito bem, e ambos serviram a diversos papas antes do próprio Guido ser eleito Papa. E a tia Conchetta, que acobertara toda a sua fraqueza?

Quantos erros! — pensou ele, enquanto examinava o rosto impassível de seus mais íntimos auxiliares.

E quanto a eles?

O que poderia dizer a favor daqueles homens frios e calculistas no dia de seus juízos finais?

Nada que os livrasse dos infernos.

Qual deles teria ordenado a morte de Felipe?

Guido já vinha se fazendo esta pergunta há dias e não obtinha resposta. Mas o culpado era ele mesmo, pois alimentara os mais astutos, ambiciosos e falsos com as regalias do poder.

A reunião encerrou-se quando ele concordou em só anunciar sua renúncia durante o concílio, programado para dali a dois meses.

Mas aqueles homens ambiciosos, mal deixaram a reunião secreta, já começaram a articular um sucessor... e a enviar emissários muito bem instruídos aos seus protegidos ou protetores espalhados pelo "mundo católico".

Guido, apesar de ter falhado no seu desejo de ver seu sobrinho coroado, havia colocado um pouco de ordem nas disputas entre as muitas facções existentes no seio da própria Igreja.

Ele, duas semanas depois, já não suportando os pesadelos, retirou-se para as proximidades de Roma, onde se recolheu para orações e meditação. Mas, na segunda noite, o pesadelo foi tão assustador que uma síncope cardíaca o matou.

Sua sucessão foi antecipada e logo um de seus mais dedicados auxiliares, o cardeal, era eleito o novo Papa. E não reinaria por mais de alguns meses... mas isto não nos interessa, pois aqui só quisemos mostrar o quanto é difícil a condução das coisas humanas e das coisas de Deus na terra.

Por coisas humanas, entendemos as coisas que os homens devem fazer: suas ações, decisões, opções, etc.

Por coisas de Deus, entendemos isso: a religiosidade, a fé, a doutrina, a liturgia, etc.

Nem sempre as coisas humanas se harmonizam com as coisas divinas, ou vice-versa, em se tratando de tão vastos domínios, como era o caso da Igreja naquela época em que o poder civil e o religioso se confundiam, numa simbiose nociva para ambos.

Por isto não achamos correto criticar as decisões que pessoas alçadas ao topo das grandes correntes humanas são obrigadas a tomar no calor dos acontecimentos.

Nem criticaremos Guido, pois ele foi só mais uma vítima das circunstâncias e desde criança foi estimulado e direcionado para exercer o poder ou a conquistá-lo a qualquer preço.

Ele foi "educado" para isso e soube fazê-lo muito bem num tempo tão turbulento quanto o que pontificou na cúria romana. Só fez o que achou que deveria fazer para chegar onde queria, e quando lá chegou, fez o que precisou para se manter no topo da hierarquia, pois quem vinha de baixo, tinha-o como alvo a ser atingido e derrubado.

Este é um dos problemas das hierarquias: elas são amplas e abrangentes nas suas bases, mas vão se afunilando e tornando-se seletivas em seus níveis mais elevados. Falta-lhes espaço nesses níveis para acomodar a todos os que a elas se integram.

Quantas vezes os que estão nos níveis mais baixos não estimulam certas ações que refletirão nos níveis superiores e solaparão a autoridade de seus ocupantes?

A todo instante isto está acontecendo em todos os lugares e em todas as hierarquias estabelecidas, sejam elas civis, judiciárias, religiosas, parlamentares ou militares.

Em todas, só com a mobilidade no topo, os níveis mais baixos conseguem galgar os degraus que conduzem aos cargos mais elevados.

Quantos partidos políticos não são fundados só para acomodarem os "cardeais" da política?

Quantas revoltas militares não aconteceram antes do estabelecimento de uma idade e tempo limite para os mais altos postos de comando?

Tudo isto são coisas humanas, pois um dos componentes de nossa natureza nos impele, inconscientemente, no sentido de nos "elevarmos".

Esta elevação, quando se processa no nosso lado material, lança-nos num tormento, pois nem sempre, ou quase nunca, estar no topo de uma hierarquia significa ser o "melhor". Às vezes o mais hábil articulador, o mais astuto estrategista, ou até o mais dissimulado alça-se ao topo sobrepujando seus competidores.

Mas isto tudo faz parte do processo seletivo que foi imposto aos seres em geral, e não só aos da espécie humana. A própria fecundação já nos diz ao que viemos: só um espermatozoide fecundará o óvulo que gerará uma nova vida.

E, na maioria das vezes, não é o que traz uma melhor carga genética que chega primeiro ou consegue perfurar a membrana protetora do óvulo a ser fecundado.

Quantos seres com defeitos, nem sempre visíveis, são gerados justamente por causa desse componente da natureza humana que em nós já se manifesta na fecundação?

Há uma competição inata no ser humano que o impele a disputar tudo, em todos os momentos de sua vida.

Durante a infância disputam a atenção dos pais.

Na escola disputam a atenção dos mestres.

Em sua juventude disputam a atenção do sexo oposto.

Na vida profissional disputam os postos mais vantajosos.

E por aí vai acontecendo a saga humana, que também é a nossa, pois humanos todos nós somos.

A elevação não acontece por acaso, e só quando nos descobrimos no limbo é que percebemos e que elevação a não é sinônimo de sobrepujação dos instintos.

Não será sobrepujando a um nosso semelhante que nos elevaremos. Pelo contrário: sempre que alguém muito afoito vem subindo, o melhor a fazer é afastar-se da passagem e deixá-lo seguir célere rumo ao topo tão desejado, pois, se estiver apto a ocupá-lo, lá se assentará. Mas se este não for o caso, de bem mais alto será a queda do afoito, que demorará mais tempo caindo, e assim terá tempo suficiente para refletir sobre as causas de sua tão longa queda.

Não estamos sendo cruéis ao dizer isto. Apenas estamos sendo realistas, já que um dos componentes da natureza humana sempre o impulsiona a tomar medidas ousadas, mas um outro o alerta continuamente para que se acautele, pois se há um ditado que diz que "tudo o que sobe desce", no entanto há um outro que nos diz que "nem tudo o que desce volta a subir".

E quem sobe à custa do esforço ou da vida alheia, com certeza cairá.

Foi o que aconteceu com Guido, que após a síncope cardíaca, sentiu-se lançado num escuro abismo que parecia não ter mais fim.

Todas as angústias e medos de toda uma vida não foram nada, se comparados ao que ele sentiu ao "cair" naquele abismo.

Sentia-se no vazio em todos os sentidos e debatia-se, tentando agarrar-se a alguma coisa, enquanto do fundo de sua alma imortal um grito de pavor ecoava.

Por fim, o impacto com um solo fofo e frio interrompeu aquela angustiante e interminável queda.

O cheiro fétido impregnou-lhe primeiro as narinas, depois todo o corpo, coberto por algo semelhante a uma lama limosa e pegajosa. Passou as mãos pelo rosto tentando limpar-se, mas elas também estavam cobertas por aquela gosma fétida.

Um desespero abateu em sua alma de tal maneira, que um grito de pavor ecoou naquela escuridão sufocante.

E tal grito não o ajudou em nada, pois atraiu a atenção de criaturas que perambulavam por ali e que logo o localizaram, disputando-o numa luta voraz em que o mais forte assenhoreava-se dos espíritos humanos que caíam naquele nível vibratório negativo; melhor denominando, podemos dizer isto: naquele domínio das trevas!

Guido, em desespero, tentou fugir dali, mas o lodo era tão denso que estava atolado até à altura das coxas.

Encontrava-se num pântano habitado por assustadoras criaturas, que eram verdadeiras aberrações da criação, imaginou ele, ali imobilizado pelo medo e por aquele lodo.

Impotente e incapaz até de pensar, só lhe restou assistir à feroz disputa que aquelas criaturas travavam entre si antes de voltarem-se contra ele, o prêmio disputado.

Quando só uma daquelas criaturas ali ficou, pois as outras, ou haviam fugido ou afundado no lodo, voltou-se para ele e, recorrendo a algum poder, puxou-o de onde estava para bem perto de si.

Aquela carranca horrível abriu um riso de aprovação com a presa conquistada. Das mãos em garras saíam negras unhas, muito afiadas, que a criatura usou para rasgar a vestimenta religiosa que o cobria, e deixar exposto seu corpo enlameado.

A seguir, a criatura agarrou-o e, por ter quase o dobro de sua altura e tamanho, elevou-o até que seu estômago ficasse próximo daquela bocarra medonha, que se afunilou e formou uma ventosa, que a criatura aplicou sobre seu umbigo e chupou com força, aspirando as energias vitais do infeliz Guido.

Mas o que aconteceu realmente foi que a criatura, que se alimentava de energias vitais de espíritos humanos, absorvera as energias dele através de seu plexo umbilical.

Quando aquela criatura o soltou, estava exaurido energeticamente e com o abdômen a doer muito, fato este que o fazia gritar desesperado por Deus, por Jesus Cristo e por todos os santos de que se lembrava.

A criatura largou-o caído no lodo, mas outras se aproximaram e procederam de modo semelhante, tentando absorver algum resto de suas energias humanas que a primeira houvesse deixado.

Aquele tormento parecia não ter mais fim, pois, de tempo em tempo, alguma delas o agarrava e, aplicando uma ventosa em seu umbigo, parecia arrancar-lhe os intestinos, de tanta dor que sentia.

Guido, já reduzido a um esqueleto, de tão magro que havia ficado, só foi abandonado por aquelas criaturas quando outro espírito caiu ali por perto e atraiu a atenção delas, que começaram a disputar a nova presa.

Explicação: "estas criaturas são seres não humanos que vagam pelas esferas negativas onde caem espíritos devedores da Lei Maior. Assim como as pessoas matam ovelhas, bois, aves, etc., para se alimentarem, esses seres não matam os espíritos humanos que caem nelas, mas se alimentam de suas energias vitais, isto sim, é verdade".

༄✟✟✟✟✟✟༄

Guido, incapaz de mover-se, ficou caído naquele lodo denso, com parte de seu esqueleto submerso. E, ou porque já não servia mais àquelas criaturas ou porque dele haviam se esquecido, muito tempo ali permaneceu, gemendo de dor... mas baixinho, para não atrair a atenção delas.

Depois de muito tempo, e sentindo muita dor, conseguiu pôr-se de pé e caminhar com passos lentos, fugindo dali.

De vez em quando sentia que pisava em alguém reduzido a esqueleto, submerso naquele pântano. E não foram poucas as vezes que isto aconteceu até conseguir chegar a um solo ainda úmido, mas já não lodoso e movediço. Viu algo semelhante a árvores retorcidas, como que calcinadas, pois não tinham folhas e eram de cor cinza, quase pretas.

Vagou por aquela floresta fantasmagórica por muito tempo, só parando quando se viu cercado por estranhas criaturas, tão ou mais apavorantes que as anteriores, pois estas possuíam corpos humanos e cabeças de serpentes. E dois olhos rubros, voltados todos para ele, a nova presa!

Paralisado pelo medo, Guido caiu no solo frio e cobriu os olhos com as mãos, evitando olhar para aqueles horrores. Mas foi subjugado por mãos lisas, escamosas, e sem dedos, que o arrastaram até um lugar onde havia muitas outras criaturas iguais.

Um horror inimaginável apossou-se dele quando viu aquelas criaturas assustadoras observarem-no detidamente.

Mas o que uma delas fez o apavorou tanto, que o levou às raias da loucura: tocou com suas mãos asquerosas em seu escroto e apertou-o; ele viu seu sexo saltar como uma mola, e um ardor insuportável, apossando-se dele, intumesceu-o tanto que adquiriu uma dimensão enorme. Mais um aperto e um líquido rubro começou a correr em abundância, "ensanguentando-o" todo. A seguir, uma das criaturas com corpo de fêmea possuiu-o com uma fúria indescritível até que ficou rubra, totalmente rubra e desabou sobre ele, para logo ser substituída por outra, e outra e mais outra. E aquele horror só cessou quando seu sexo exauriu-se, e começou a verter um líquido escuro como carvão.

Guido havia gritado de medo, de dor e de pavor até a exaustão. E ali ficou abandonado à própria sorte, sem poder se mexer.

O tempo que ali ficou foi longo o bastante para presenciar outros espíritos serem torturados como ele havia sido. Viu criaturas masculinas possuírem espíritos femininos e vice-versa. Mas só os possuíam até que o líquido rubro era esgotado e um outro escuro começava a correr.

— Deus está me castigando — pensou ele, a certa altura. — Cometi todos os pecados e crimes e estou sendo castigado pelos demônios do inferno. É isto o que está acontecendo comigo!

Com o passar do tempo e vítima de outras criaturas, a outros tormentos submetidos já não se lamentava, e por duas razões: a primeira é porque julgava estar sendo punido por Deus. A segunda era porque não adiantava reagir àquelas criaturas que só povoam nossos pesadelos mais aberrantes possíveis.

Largado num abismo daqueles, Guido, deitado no solo escuro, já não reagia a mais nenhum dos tormentos. Em sua mente só vinha isto: Deus está me punindo!

O tempo passou, e talvez por não ter mais nada a oferecer a quem quer que por ali existisse, também não foi atormentado por mais ninguém. Isto até a chegada de uns "esqueletos" portando espadas, chicotes, laços... e vestidos como templários, pois em suas vestes a tradicional cruz se sobressaía.

— Que horror será este? — pensou ele ao ver caveiras cobertas com as conhecidas vestes dos guerreiros cruzados. E mais não pensou, pois uma chicotada bem aplicada o fez saltar e urrar de dor.

Aquele chicote tinha o poder de atingir os ossos, como se dessem um choque em todo o corpo.

Era isto mesmo que acontecia!

Uma segunda chicotada despertou-o de vez da letargia em que se encontrava, animando-o a sair em desabalada corrida. Mas um laço foi jogado, e sua fuga foi interrompida.

Mais uma vez o tormento iria recomeçar. Foi preso a uma corrente onde muitos outros espíritos esqueléticos estavam agrilhoados... e só então notou que seu corpo havia sido reduzido a ossos: era só um esqueleto e nada mais!

Guido levou as mãos ao rosto e sentiu que era uma caveira... igual aos que o haviam capturado. A única melhora é que as chicotadas haviam lhe devolvido a capacidade de caminhar. E quando fraquejava, uma nova chicotada animava-o mais um pouco.

Assim, de chicotada em chicotada, chegou a um lugar ainda assustador, mas não tanto quanto os que já havia estado.

Naquele lugar, apinhado de seres reduzidos a esqueletos, havia uma certa ordem, pois os vestidos como soldados davam "ordens" que ele entendia... e obedecia, senão seria chicoteado.

Na corrente em que estava atado, mais umas vinte "caveiras" faziam-lhe companhia. E todos foram levados a um calabouço iluminado por umas tochas rubras, cujas chamas pareciam sangue borbulhando.

Algo que chamou a atenção de Guido foi o fato de que, mesmo reduzidos a caveiras, viam, ouviam e falavam. Isto o intrigou, despertando uma curiosidade nova em meio a tantos tormentos.

Preso na masmorra, ele começou a observar atentamente as reações e os procedimentos, assim como a si mesmo, pois algo interessante começara a atraí-lo: o estudo dos espíritos ali presos, ou por ali vivendo uma outra vida parecida com a que tiveram no lado material.

Aos poucos foi notando que aquelas caveiras, mesmo não tendo mais que ossos, davam a impressão de terem algo no lugar dos antigos corpos.

— O que será que existe? — murmurou para si mesmo.

O tempo foi passando, e ele observando tudo cada vez com mais curiosidade e atenção. E, aos poucos, começou a vislumbrar algo no lugar das antigas "carnes" daqueles esqueletos.

Guido apurava a visão cada vez mais, até que começou a ver mais nitidamente o que havia no lugar dos antigos corpos: um outro corpo!

Mais algum tempo, e conseguia ver naturalmente o outro corpo etérico que envolvia aquelas caveiras, inclusive o seu próprio esqueleto.

— Bom, nem tudo está perdido, já que este outro corpo existe. Só preciso saber mais coisas sobre isto que acabo de descobrir. Mas como? Preso a esta corrente, e nesta masmorra é que não vou aprender nada.

O tempo ia passando e ele ia aperfeiçoando sua visão. E tanto a apurou que conseguiu ver o "combustível" que alimentava aquelas tochas cujas chamas eram vermelhas: uma névoa escura que ali havia e circulava, ou melhor, estava em todos os lugares, ocupando os espaços vazios da masmorra.

Seu novo campo de observação foram aquelas "energias" até então não visualizadas.

Notou que aquele corpo especial também absorvia aquela fumaça escura e a armazenava em torno dos ossos dos esqueletos, criando ao redor deles uma camada (aura) que ia se condensando cada vez mais. Mas principalmente em torno de certas partes dos esqueletos.

Alguns a acumulavam ao redor da cabeça, outros no coração, outros no abdômen, outros nos braços e outros no sexo, inclusive caveiras femininas, pois ali havia esqueletos de antigas mulheres no plano material.

Guido fixou sua visão em uma delas e a estudou tão apuradamente que pouco a pouco foi distinguindo uma forma feminina mesmo naquele corpo que parecia ser gelatinoso.

E tanto desenvolveu seu poder visual que em pouco tempo conseguia ver perfeitamente aqueles outros corpos gelatinosos, bastando-lhe fixar sua visão num esqueleto, para vê-lo claramente.

Quando achou que vira o bastante nos corpos, começou a observar as correntes que os prendiam às paredes daquela masmorra, os chicotes dos carrascos, as armas dos soldados templários e suas vestes.

Aquelas observações distraíam-no, aquietando-o dos tormentos vivenciados.

Guido notou que tudo era energia condensada, só lhe faltando descobrir como dispersá-la.

Segurando nas mãos a grossa corrente que o prendia pelos tornozelos, fixou nela sua já apuradíssima visão, e não a desviou até conseguir ver o que a sustentava. Só depois de muito tempo observando, conseguiu visualizar que uma outra névoa, mais compacta, sustentava-a. Seguiu o fluxo daquela névoa além das paredes da masmorra, acompanhando-a por uma longa distância, que o levou a uma dimensão inacreditável.

Ele sabia que ali estava fora dos domínios dos espíritos humanos. Algo em seu íntimo lhe dizia que era capaz de ver o que os outros seres sequer imaginavam existir.

Dali mesmo, acocorado, começou a observar aquela estranha dimensão, que pouco a pouco foi parecendo estar mais próxima. Fato este que lhe permitiu observar até os seres que nela viviam.

A partir do que ia descobrindo, aprendeu como dissolver a condensação energética que o prendia, pois aquela corrente não passava disso: uma condensação energética amoldável segundo uma irradiação mental poderosíssima que "fabricara" uma corrente.

A mesma coisa descobriu sobre as vestes usadas pelos soldados-esqueletos e as armas usadas por eles.

Por diversas vezes desfez e refez o aro em torno de seus tornozelos, dominando bem a manipulação mental daquelas energias. E após localizar a fonte delas naquela dimensão estranha, conseguiu, só com o poder do pensamento, fazer vir um fluxo daquelas energias e amoldar uma nova corrente, semelhante às que ali o prendiam.

Fazer o mesmo com aquele tipo de vestes usadas pelos soldados deu um pouco mais de trabalho, mas o processo era o mesmo. O mais difícil foi localizar a fonte que fornecia as energias que eram usadas para condensá-las como bem desejasse. Mas conseguiu "fabricar", com o poder do pensamento e da visão, vestes iguais às usadas ali, assim como outros "modelos" que à mente lhe vieram.

Quanto às longas espadas, tudo foi mais fácil, e logo, num piscar de olhos, conseguia se libertar e cobrir seu esqueleto tal como aqueles soldados se mostravam. Mas preferiu continuar ali, protegido e seguro, e estudar tudo o que ali existia.

O fogo foi seu novo campo de observação. Fato este que o levou a descobertas incríveis!

Guido conseguiu, sem sair dali, penetrar visualmente em uma dimensão ígnea, de onde saía um tênue cordão ígneo que terminava no centro da tocha observada, e entrando em contato com aquela névoa escura, dela extraía o combustível que fazia expandir, iluminando parcialmente aquela masmorra.

Tanto observou que conseguiu, recorrendo à sua mente e visão, trazer um cordão igneo diretamente daquela dimensão até que parasse bem diante de seu rosto.

Mas não parou por aí em suas experiências: conduziu a ponta até aquela corrente, encostando-a para ver o que acontecia.

Foi com surpresa que viu a corrente ficar rubra e aquecer-se a tal ponto que começou a queimar o osso de sua canela, obrigando-o o interromper sua experiência antes que fosse calcinado.

— Incrível! — exclamou baixinho.

Muitas outras experiências ele ainda fez com aquele fogo. E uma delas foi ligar um daqueles cordões à espada de um dos guardas que mais gostava de chicotear os prisioneiros acorrentados. Guido sabia, ou melhor, havia descoberto, que só ele via aquele fogo, que ele denominou de "invisível".

Outra experiência com aquele fogo levou-o a enrodilhar a ponta de um cordão à "mão" de um guarda que chegava, e nela segurava a ponta de uma longa corrente apinhada de prisioneiros.

O laço ígneo simplesmente partiu ao meio o punho do guarda, que urrou de dor, já que o braço gelatinoso também foi amputado de sua mão gelatinosa.

Um certo remorso incomodou-o após ver o estrago que havia causado no guarda. Mas aquilo o levou a refletir muito sobre tudo o que já sabia e sobre o que havia acontecido consigo mesmo.

— Aquelas criaturas, ao aspirarem meu umbigo, sugavam as energias do meu corpo espiritual. Aquelas mulheres cobras, de alguma forma, estimulam fontes que devemos trazer neste corpo gelatinoso ou no espiritual, fazendo com que nosso sexo se excite, e aí extraem as energias que jorram em abundância, desde que elas copulem conosco.

Mas chega um momento em que o nosso tormento é tanto, que as fontes secam e outras energias que não as atraem são vertidas.

— Preciso estudar isto de perto! — exclamou ele, satisfeito com as descobertas.

Guido ainda procurava um jeito de sair dali sem chamar a atenção de ninguém, quando gargalhadas o tiraram da concentração em que se encontrava. Um numeroso grupo de espíritos, alguns reduzidos a caveiras, acabara de entrar na prisão.

Ele encolheu-se no canto e ficou à espera dos acontecimentos.

Quem seriam aqueles "homens" com semblantes carregados de ódio e vestidos como os habitantes dos desertos das arábias?

Mais algum tempo e logo descobriu: eram compradores de prisioneiros.

A Guido ocorreu um desejo de puxar vários daqueles cordões ígneos e envolver aqueles "inimigos dos cristãos", queimando-os ou partindo-os em mil pedaços. Mas lembrou-se do estrago feito no braço do soldado e pensou melhor, não recorrendo a uma punição tão cruel contra eles. Mas que não perdiam por esperar, isto não perdiam, ainda mais depois de um deles tê-lo chicoteado só para ver se ainda estava "vivo".

Mas o que o irritou mais foi quando o líder do grupo de espíritos "beduínos", às gargalhadas, falou ao chefe dos guardas caveiras:

— Este grupo de vermes caídos neste inferno do cristianismo não valem o que teu chefe pediu, templário.

— O preço é aquele. Ou paga ou outro dos senhores das trevas os comprará do meu senhor.

Ainda ficaram discutindo algum tempo por causa do elevado preço exigido, mas no fim o beduíno concordou, arrematando todos os prisioneiros.

— Vamos ver até onde irei agora, e o que terei para estudar, pois estes cães do deserto têm muito a oferecer-me — pensou Guido, já sendo conduzido para fora do calabouço.

Cada beduíno segurou na ponta de várias daquelas correntes e, de repente, Guido sentiu-se arrastado no espaço, estatelando-se no instante seguinte no solo árido e meio pedregoso.

Ao olhar melhor, viu que se tratava de uma imensa caverna, tão sombria quanto a masmorra onde ficara preso.

Calado, e no meio do numeroso grupo de caveiras, imediatamente Guido começou a observar tudo o que de interessante por ali havia.

Sua apurada visão foi ativada e logo localizou um gigantesco trono energético, onde um espírito de feições cruéis estava assentado.

Ao redor do trono energético, um grande número de escravas seminuas se espalhavam, dando àquela visão uma aparência inusitada.

Mas o que mais o atraiu foi o trono, incrivelmente decorado por uma enorme pedra vermelha que parecia ser viva, além de outros detalhes que impressionavam quem os via.

Mas pouco pôde observar, pois o ocupante daquele incrível trono energético começou a falar com seus novos escravos:

— Escória cristã, agora vocês me pertencem, e outro senhor não terão além de mim, seu único senhor. E vou avisando-os que odeio cristãos e "caveiras". Portanto, vocês me servirão fielmente ou os reduzirei a pó. Curvem-se diante do meu trono da pedra vermelha, imediatamente!

Todos, menos uma daquelas caveiras, curvaram-se, temendo o pior, caso não obedecessem aquele sujeito com crueldade sendo irradiada pelos olhos e o ódio no timbre da voz.

Guido, curvado, viu como a infeliz caveira que havia permanecido em pé voou pelo espaço e estatelou-se no solo diante do senhor daquele trono, que só com um gesto de mão isto fez.

— Como ousas desobedecer-me, verme cristão?

— Só curvo-me diante de Deus, cão do deserto — retrucou a caveira, tentando se recompor.

— Como ousas pronunciar este nome, verme cristão? Logo você, um vil pecador e traidor de seu Deus, Jesus Cristo!

— Jesus Cristo não é Deus, cão árabe. O teu amado profeta é Deus, também?

— Pagarás caro pela insolência, verme cristão. Sentirás todo o horror contido em minha ira contra os caídos!

— Você é o demônio, cão árabe?

— Maldito cristão! Como ousa falar assim comigo?

— Se não és o próprio demônio, nada de pior do que já experimentei poderás infligir-me. E se fores ele, então termines logo comigo, pois já estou cansado de ser punido por toda a escória do inferno sem reagir em momento algum. Vamos, demônio árabe... acaba comigo logo ou deixa-me em paz, pois diante de um cão não me curvarei. Chega de ser punido por idiotas inferiores a mim em todos os sentidos.

— Maldito verme cristão! Irás arrepender-se por desafiar-me. Guardas, levem-no à caverna dos horrores e o entreguem à criatura!

Guido acompanhou com sua visão poderosa o infeliz que ousara desafiar aquele sujeito cruel. E viu a tal "criatura" que, de tão pavorosa, é indescritível. Só de vê-la o infeliz berrou apavorado. E quando ela o subjugou, deu para se ouvir dali seus gritos de dor.

Com a visão fixada na criatura, Guido viu-o ser reduzido a um ovo, pois ela se alimentava tanto dos "ossos" quanto do corpo gelatinoso que dava sustentação aos esqueletos humanos.

Pouco depois um dos guardas retornou com o que restara do infeliz e o entregou ao senhor daquele trono que, após olhá-lo demoradamente, gargalhou e lançou aquele ovo em direção a um monte de outros ovos. A seguir perguntou:

— Alguém mais deseja discutir minhas ordens?

O silêncio total foi a resposta.

— Ótimo! — exclamou ele, para a seguir perguntar:

— Quem de vocês odeia árabes?

O silêncio total continuou a ser a resposta.

Mas o que ele falou a seguir surpreendeu a todos:

— Eu só poupo da criatura escravos que possam ser-me úteis. E se vocês não odeiam árabes, então não me servem, pois sou um punidor dos espíritos "árabes" que desrespeitam as leis islâmicas. Todos os cães que ofendem Allah merecem ser punidos sem piedade. E só espíritos caídos em uma religião inimiga da islâmica se tornam ótimos carrascos dos caídos na religião islâmica. Caso não possam servir-me, eu os servirei à criatura que, por sua vez, odeia a todos os caídos de qualquer religião, pois odeia a todos os seres humanos que ofendem o Deus único! Há, há, há...

Um murmúrio fez-se presente, animando as caveiras a, timidamente, arriscarem-se a dizer:

— Eu odeio árabes, meu senhor.

Após fixar seus cruéis e poderosos olhos numa daquelas caveiras, ele ordenou:

— Dê-me uma prova do seu ódio aos árabes, verme cristão.

— Que prova, meu senhor?

— Qualquer uma, verme. Mas que seja verdadeira, senão...

— Olha, eu participei de uma cruzada e de muitas atrocidades cometidas em nome de Cristo Jesus.

— Quais, por exemplo, verme anticristão?

— Saqueei caravanas... participei de ataques contra vilarejos e povoados árabes, estuprei meninas árabes e violentei jovens mulheres.

— Só isto, anticristo?

— Sei lá... também treinei arco e flecha com alvos vivos.

— Esses alvos eram árabes?

— Sim, senhor.

— Você foi aprovado, verme do inferno. Libertem-no da corrente, guardas, e o coloquem à minha esquerda.

Aí, voltou seus olhos para outro daqueles infelizes e perguntou:

— E você, verme cristão?

— Eu não fiz nada do que esse aí fez. Mas acho que foi porque nunca saí da Itália.

— Você nunca atingiu um árabe?

— Não, meu senhor. Mas não estou aqui por acaso... e posso muito bem servi-lo, punindo os árabes caídos no inferno islâmico.

— Você vem para a minha direita, verme cristão. Afinal, se teve coragem de cometer vis atrocidades contra outros cristãos, o que não fará quando eu confiar-lhe a punição de um cão árabe, não?

De um em um, todos iam sendo separados, hora à esquerda, hora à direita. E quando chegou a vez de Guido, este falou:

— Eu não odiei a ninguém e nem atingi nenhum inocente na série de pecados que cometi.

— Se nunca atingiu um inocente, então como se justifica tua queda, verme cristão?

— Por favor, meu senhor! Sou só um verme, um assassino, um perjuro, um traidor, um falso, etc. Além de tudo o que acabei de dizer, sei que não sou, no entanto, um cristão, pois deixei de ser aos doze anos de idade, quando meu pai obrigou-me a abraçar a carreira religiosa. Naquele momento de minha maldita existência, e contando com apenas doze anos de idade, deixei de ser um cristão e tornei-me um falso.

Portanto, sou tudo, menos um cristão, pois se realmente o fosse, já não teria servido de alimento a várias criaturas infernais, e tão pouco aqui agora estaria.

— Mas mataste, roubaste, estupraste, etc., não?

— Estuprar não. Jamais forcei mulher alguma a partilhar do meu leito. E pensando bem, acho que nem todas as que se insinuaram para mim ousei possuir. Mas... paciência... Afinal, eu não tinha como dar conta de tantas e sobreviver num meio onde tantos iguais a mim pululam.

— Você foi um Papa, certo?

— O senhor já saiba disso antes de chamar-me.

— Mas um Papa é um cristão, não?

— Nem sempre. Alguns são e outros não. Eu me incluo no segundo grupo. Só fui um Papa dos cristãos, mas sem ter sido um Papa cristão.

— Interessante tuas palavras, verme. Elas têm uma lógica indiscutível.

— Refleti muito neste tempo que tenho servido de alimento a criaturas ou seres desumanos, e cheguei à conclusão de que, se seres assim têm se alimentado de mim, então não sou humano.

— Tem certeza de que não é um ser humano?

— Absoluta.

— Mas seus restos, esse seu esqueleto, são uma prova de que você é um ser humano, Papa verme!

— As aparências enganam, meu senhor.

— Não, não. Você é um ser humano, verme Papa.

— Responda-me, senhor: Deus rouba algo de alguém, ou mata alguém, trai, ou engana?

— Não.

— Então o que devo concluir se na doutrina cristã ensina-se que o homem foi feito à imagem e semelhança de Deus?

— É, isto a doutrina cristã prega, Papa desumano.

— Além disso, tenho mais um agravante para provar-lhe que não sou humano ou cristão: Cristo Jesus pregava o despojamento das coisas materiais e eu as acumulava; ele pregou a caridade e eu a corrupção; ele pregou a humildade e eu a ostentação, etc. Logo, se tudo o que ele pregou aproximava o ser da imagem humana em que Deus nos modelou, dessa imagem me afastei e só um horrível espectro dela sobrou-me, não para provar que sou humano, mas que eu fui um ser desumano.

— Tem razão, antipapa. Seus argumentos, aos olhos da lei, são corretos. Você é um ser muito especial.

— Tua criatura irá apreciar quando me devorar. Na certa, terá nestes meus restos do humano que eu poderia ter sido, uma iguaria única.

— Você já a viu?

— Sim, senhor.

— E não a teme?

— Sim... mas não tentarei fugir dela quando for conduzido até meu tormento final.

— Por que não, se todos tentam isso?

— Depois da décima, ou da vigésima, não sei ao certo a conta, das criaturas que se serviram de meus restos desumanos, anseio por uma que me puna realmente e acabe de uma vez por todas com esta estranha sensação de que tive tudo para ser humano e cristão, mas que coloquei tudo a perder quando me afastei da doutrina cristã e me entreguei aos desejos humanos.

— Você está à procura de alguém que acabe com você?

— Estou. Eu podia ter fugido da prisão onde seus escravos me compraram. E só não o fiz porque pensei que ali encontraria meu fim. Mas... espero encontrá-lo na sua criatura.

— Prove que poderia ter fugido desta corrente à prova de fugas, Papa suicida!

Guido olhou para a corrente e desfez o aro em torno de suas tíbias. Depois caminhou alguns passos e fez surgir uma corrente só para ele... cuja ponta estava nas mãos daquele senhor do Trono da pedra rubra, pois era assim que ele era chamado.

— Interessante, Papa suicida — falou o espírito, impressionado com o poder de Guido.

Com uma ordem a caverna foi evacuada, só ficando os dois. Aí perguntou-lhe:

— Como entendê-lo, Papa?

— Chamo-me de Guido, meu senhor, pois em verdade nunca fui um Papa. Só usurpei um trono santo que serviu para acobertar com uma aura de santidade um ser desumano. Sou indigno de sequer ser chamado de Papa.

— Está bem... Guido. Como entendê-lo?

— Entenda-me como sou: um ser desumano!

— Não, não. Você tem plena consciência de que errou, falhou e pecou. E se num primeiro momento sentiu-se punido por Deus, no momento seguinte sujeitou-se aos tormentos, e, além de aceitá-los, ainda anseia por outros piores... que o punam ainda mais. Em você a lei provocou uma reação contrária ao desejável, pois, ao submeter alguém a tormentos análogos aos que lançamos contra nossos semelhantes, ela tem por finalidade despertar em nós a nossa chama humana, a centelha da vida. Só que em você ela despertou o desejo de ser punido cada vez com mais intensidade. Você nunca dirá: Deus me perdoe!, pois no máximo arrancará de você um mudo clamor por uma punição mais dolorosa que a anterior. Já vi isto antes, Guido. Nos seres em que isto acontece, é inútil atormentá-los com os recursos da lei.

— Não podes negar-me o direito de ser punido por tua criatura, meu senhor.

— Não sou mais o seu senhor, Guido. Recuso-me a assumir o seu destino ou a proporcionar-lhe uma dor final. O maior castigo para alguém como você é não puni-lo, pois sua consciência já o pune com mais rigor que aquela criatura.

Guido fraquejou diante da verdade das palavras ditas por aquele espírito e caiu de joelhos, soluçando roucamente, enquanto clamava:

— Acabe comigo, por favor! Tens de me lançar à tua criatura!

— Você enlouqueceu, Papa. Volte ao inferno cristão e peça aos seus que o executem. Tenho certeza de que sentirão um grande prazer em atormentá-lo, já que participou diretamente pelo crescimento deles nas trevas. Ou não é verdade que mesmo tendo ocupado o trono de Pedro e Paulo, nada fez em favor do Cristo Jesus?

— Isto eu já falei antes, meu Senhor.

— Então vá procurar seu destino final junto aos seus, Guido. Eles poderiam, por meio de você, ter encontrado o Cristo Jesus, mas como o contrário aconteceu, e na dor muitos agora se encontram, nada mais justo de que se vinguem do verdadeiro culpado: você!

Guido olhou-se por um instante, depois olhou para ele e falou:

— Já que você não quer assumir a responsabilidade por meu fim, eu mesmo darei um fim em minha maldita existência!

— O que tenciona fazer, Guido?
— Vou sozinho ao encontro de sua criatura.
— Não faça isto. Eu o proíbo de incomodar minha criatura.
— Ela não se incomodará. Apenas sentirá prazer em devorar mais um ser desumano.
— Estúpido! Não percebe que irá destruí-la assim que ela tocar em você?
— Ela não foi destruída ao devorar aquele infeliz.
— Ele não estava possuído pelo fogo da destruição, mas você está. E assim que tocá-lo, ela será consumida pelas chamas que brotarão de todo o seu corpo elementar básico.
— Não sei do que você está falando, e não tente me deter senão...
— Senão me queimará, não é mesmo? Viu só como o fogo da destruição o possuiu, Guido?
— Ninguém me possui! Vou provar-lhe isto sendo consumido por aquela criatura!

O árabe tentou detê-lo, mas Guido havia aprendido a volitar e no instante seguinte já estava diante da criatura, que saltou sobre ele... e foi consumida num piscar de olhos pelas labaredas que saíram do corpo gelatinoso dele.

Realmente, aquele corpo gelatinoso que ele via era o corpo elementar básico que todos os seres, e não só os humanos, possuem. E o dele, Guido, ao menor sinal de dor ou mesmo medo, explodiu em labaredas que se alimentavam das energias de outras criaturas.

— Eu o avisei... eu o avisei... — lamentou-se o senhor daquele domínio, já ao seu lado, e recolhendo a semente original (o ovoide) da sua criatura.

— O que realmente aconteceu aqui?

— Só o que lhe já havia dito, estúpido. Você lançou minha criatura de estimação na dor final dela. Foi isto que aconteceu, Papa da destruição. Minha pobre criatura! — lamentou-se acariciando os restos imortais do até há pouco, apavorante ser. — Agora, meus inimigos, sabendo que não tenho mais a minha estimada criatura, certamente vão acertar suas contas pendentes.

— Contas pendentes?

— Idiota! Como acha que eu me mantinha naquele trono?

— Não estou entendendo nada do que você está falando, árabe! Seja mais claro, por favor.

— Mais claro? Mais do que já estou sendo? Não percebe que esta criatura mantinha meus inimigos longe de mim, e sempre que algum tentou algo contra meu Trono, minha criatura o reduziu a um ovoide.

— Eles não podiam com ela?

— A única coisa que a destruiria seria este fogo destrutivo que você possui, Guido. Que azar o meu! Paguei um alto preço por um lote de caídos cristãos em cujo meio veio um enviado pela Lei só para destruir minha criatura! Como sou azarado! Hassan é um infeliz azarado! Já não me bastava ter entendido errado as palavras do profeta quando ordenou que levássemos o Islã a todos os cantos do mundo, e agora descubro que também ofendi Allah! Um árabe fracassado é o que sou. Destrua-me, Papa da destruição! Vamos... destrua-me imediatamente, pois Allah não está satisfeito com meu trabalho no lado escuro do islamismo!

— Eu não vou destruí-lo, árabe.

— Você tem de me destruir, verme cristão! — exclamou o infeliz árabe, agredindo Guido com ódio. Mas o tal fogo da destruição não brotou do corpo de Guido nem quando sua espada quase partiu um osso do braço dele, um esqueleto amparado pelo corpo elementar básico... o tal corpo gelatinoso.

Isto não acontecendo fez cessar a histeria de Hassan que, repentinamente, deu-se conta de algo, e gargalhando exclamou:

— Estou salvo! Allah só estava insatisfeito com minha criatura! Eu ainda sou merecedor de continuar a punir os cães que ladram por meio do islamismo! Allah não quer acabar comigo... por enquanto! — exclamou ele, todo feliz e às gargalhadas... que interrompeu quando um numeroso grupo de espíritos, aparentemente tão cruéis quanto ele, agarraram-no e o envolveram numa rede que o comprimiu tanto e de tal maneira que ele, um espírito, ficou igual a uma bola.

O sujeito, que segurava o cabo da rede, às gargalhadas, exclamou:

— Seu Deus Allah pode até não querer sua destruição. Mas nós, que não somos ligados a ele, já desejávamos destruí-lo há muito tempo... há, há, há... que árabe idiota! Há, há, há.

— Idiota por quê? — perguntou Guido, muito curioso com aquela estranha rede que se encolhera quando envolveu Hassan.

— Nós o enviamos para destruí-lo, Guido! Há, há, há... — gargalhou o espírito, que era justamente o chefe dos guardas que o haviam capturado e aprisionado na masmorra dos cruzados.

— Não estou entendendo nada. Explique-se, soldado.

— Não vou explicar nada, Guido! Venha conosco e meu senhor lhe esclarecerá tudo.

— Só sairei daqui depois de ouvir uma explicação lógica sobre tudo o que está acontecendo.

— Você é um cristão, Guido. Obedeça-me e, mais tarde, depois que meu senhor executar este cão árabe, de tudo será certificado e esclarecido.

— De jeito nenhum. Ou você me explica tudo agora mesmo ou...

E Guido nem terminou o que ia dizer, pois chamas saíram de seu corpo e envolveram todos aqueles espíritos Cruzados... e os reduziu a ovoides, assim como consumiu a rede que estava, cada vez mais, apertando Hassan.

Ele, livre da rede, ainda ficou todo comprimido, mas Guido o ajudou a recompor-se rapidamente, sacudindo-o e perguntando:
— Você está bem, Hassan?
— Eu não disse? Allah não quer me destruir, Guido. Só o enviou para destruir aquela vil criatura que me escravizava... e meus inimigos cristãos caídos nas trevas... há, há, há...
— Que confusão dos infernos. Vou-me embora daqui — falou Guido, dirigindo-se para a saída daquela câmara dentro da montanha.
— Espere aí, Papa da destruição! Não pode abandonar seu amigo entregue à própria sorte. Não agora que estou desprotegido.
— Azar o seu. Quem mandou assentar seu poder numa criatura devoradora de espíritos humanos caídos?
— Não pode abandonar-me, Guido. Foi Allah que o enviou ao inferno islâmico... e enquanto você não cumprir por aqui sua missão destruidora, pertencerás ao inferno islâmico, pois eu o comprei de um senhor do inferno cristão.
— Você está louco?
— Não estou não. Agora você é um membro do inferno islâmico e servirá Allah, destruindo todos os inimigos do céu islâmico. Assim está escrito e assim será, meu amigo!
— Que absurdo. Acho que a perda da sua criatura levou-o à loucura, não?
— Espera, que lhe explico como isto acontece, Guido. Confie em mim e nunca será destruído por Allah!
Guido voltou-se e perguntou:
— Allah poderá destruir-me?
— Só se não cumprir o que Ele escreveu em seu destino, Guido.
— Como posso saber o que está escrito em meu destino?
— Não temos como saber. Por que deseja saber o que nele está escrito?
— Eu iria desobedecer só para ser destruído.
— Não seja estúpido, Papa da destruição. Se seu Deus Jesus Cristo não o destruiu, é porque realizou o que Ele havia escrito no seu destino.
— Jesus Cristo não havia escrito nada em meu destino, Hassan. Eu é que escrevi para mim um destino infernal.
— Está enganado, meu amigo Papa destruidor. Por acaso em algum momento algum verdadeiro cristão ameaçou você durante sua vida no plano material?
— Não. Só os anticristãos me ameaçaram, pois se cristãos fossem, não agiriam nas sombras e nos desvãos do cristianismo. O Cristo Jesus pregava o desprendimento das coisas materiais, a caridade, a humildade, a bondade, etc, e eu convivi com ambiciosos, invejosos, soberbos, traidores, etc.
— Viu só como estou certo? Você subjugou todos eles e os dominou enquanto reinou no trono de Pedro. Seu Deus Jesus Cristo o protegeu de

todos os anticristãos que cruzaram o seu caminho, ou caminharam ao seu lado por algum tempo. E mesmo depois que você foi enviado para o inferno, Ele continuou a protegê-lo, pois nenhum "cristão" levantou-se contra você, correto?

— Pensando assim, está correto. Afinal, todos os seres que me atacaram podem ser classificados por muitos nomes, menos por cristãos.

— Esses cruzados que venderam você para mim eram cristãos?

— Não. Eram só assassinos insensíveis que usavam vestes cruzadas.

— E esses escravos que comprei deles. Por acaso você viu algum cristão entre eles?

— Não. Eles são muitas coisas ruins ao mesmo tempo, mas não possuem uma única característica cristã.

— Viu como estou certo? Seu antigo e único Senhor preservou-o, Guido! Se a uma caveira você foi reduzido, foi porque afastou-se do cristianismo. Mas mesmo caminhando cada vez para mais distante do céu onde Jesus Cristo reina, ainda assim ele preservou você dos anticristos e anticristãos. E quando aquele verme, que se autodenomina monsenhor Giuseppe, vendeu-o para mim, você saiu da esfera de proteção de Jesus Cristo e adentrou na que Allah reservou aos infiéis do Alcorão. Você já cumpriu o que o Cristo Jesus havia escrito em seu destino... e começa a cumprir o que Allah escreveu, Guido.

— Você disse que este soldado-caveira se chamava monsenhor Giuseppe?

— Esse aí não. O chefe dele é que se autointitula monsenhor Giuseppe. Mas de monsenhor aquele verme não tem nada.

— Um tio meu, que me introduziu em Roma, tinha este nome, Hassan.

— Deve ser o mesmo. É, com certeza é o mesmo.

— Será?

— Pensando bem, tem uma certa lógica. Ele o introduziu na Igreja romana, afastando-o do seu Cristo Jesus, pois o transformou num verme. E o afastou da esfera cristã negativa quando você tomou consciência de que não era um cristão. Tudo obedece a uma lógica que só aos poucos vamos descobrindo. Raciocine, Guido!

— Tem razão. Eu era um menino feliz até meu pai traçar meu destino de ser Papa, que meu tio concretizou, recorrendo a muitos dos procedimentos condenados por Jesus Cristo. A partir daí tornei-me um falso sacerdote, já que todas as minhas ações visavam a um objetivo: o papado. Que imbecil eu fui!

— Não seja tão duro consigo mesmo, Guido. Para aquele momento da existência da Igreja cristã você foi o único à altura de assumir o papado e mantê-la coesa em torno de sua pessoa. Outro teria falhado. E já que você tem certeza de que nenhum dos que combateu era um cristão verdadeiro, saiba que o Cristo Jesus não se incomodou muito por você ter mandado uns para o inferno, para onde todos os anticristos são enviados, assim como não se importou quando você recorreu aos anticristos para atormentarem um pouco a vida dos falsos cristãos que só ingressavam nas hierarquias católicas para se servirem do poder ou se locupletarem em nome dele, o verdadeiro Cristo.

— Você tem uma justificativa para tudo, não?

— Ouça, eu não procedi muito diferente de você. Apenas agi segundo as circunstâncias do momento do islamismo em que vivi no plano material. Saiba que "cavalguei" ao lado do profeta, que Allah o tenha. E que entendi ao meu modo seus ensinamentos e os apliquei com inflexibilidade, mas porque facilitava meus desejos de poder, minhas ambições e minhas fraquezas. Invadi nações, destruí aldeias e cidades, saqueei caravanas e combati a religião dos magos, a cristã, a dos naturistas, etc. Não me detive diante de nenhuma delas e declarava a morte a todos os que não se curvassem diante de Allah. E se me comprazia em ver multidões tementes da morte se curvarem diante "d'Ele", o único, no entanto, "Ele" sabia que eu me satisfazia era porque via milhares de pessoas me aclamarem como guerreiro propagador do Islã. Allah sabia que eu não valia um grão de areia. Mas assim mesmo me usou, pois outro não teria, naquele momento do Islã, levado seu nome a lugares tão distantes e tão refratários ao culto do Deus único. Se eu me escudava n'Ele para formar meu próprio reino, no entanto através de mim, um falso islamita, Ele se impôs mesmo nos corações mais duros... amolecidos com o medo que o fio de minha espada despertava.

— Esta sua interpretação não é um tanto fantasiosa? Vocês árabes são um tanto criativos.

— Pode ser, mas sinto que, ou acredito que assim tudo aconteceu ou me entregarei ao mesmo sentimento que se apossou de você e o está levando à autodestruição. Mas não conseguirá isto, Papa.

— Tem certeza?

— Absoluta. O seu Cristo Jesus sempre soube que você só O serviria se fosse em troca de poder, muito poder. Ele, que cura, conforta, ensina, desperta a fé e ampara a milhões de seres humanos, bem poderia tê-lo fulminado ou arrancado-o do corpo carnal quando você cometeu seu primeiro pecado. Mas Ele também sabia que só você sobreviveria no meio de todos os vermes que corroíam as hierarquias do cristianismo. Eu não sei como o Cristo Jesus protegeu você e o sustentou até que você fizesse tudo o que só você podia e conseguia fazer.

— Bom, eu reorganizei a Igreja em muitas partes do mundo. E coloquei no comando dos seus principais órgãos dirigentes, homens de minha confiança. E isto fortaleceu a Igreja como um todo, e as manifestações de fé em Cristo se multiplicaram por todos os rincões onde o cristianismo conseguia chegar. Serviu mesmo para deter o avanço islâmico em áreas de influência de Roma.

— Está vendo? Eu não disse isto há pouco quando falei de mim mesmo? Você queria expandir o cristianismo. Mas só conseguiria se se acercasse de pessoas com o mesmo desejo e objetivo, ainda que cobrassem em poder e riqueza o trabalho que realizavam. Não somos diferentes, Papa.

— É, não somos mesmo, árabe.

— Saiba que nós, os falsos religiosos, cobramos caro pelo nosso trabalho. Mas somos os únicos que em determinados momentos conseguimos arrebanhar as ovelhas dispersas e reconduzi-las aos campos verdejantes onde os verdadeiros pastores as vigiarão e as protegerão da investida dos falsos pastores. Nós somos os lobos e chacais famintos que, ao devorarem algumas ovelhas desgarradas dos rebanhos, assustamos todo o rebanho e fazemos com que se compactem ao redor dos seus verdadeiros pastores que, vendo um perigo rondar suas assustadoras ovelhas, tratam logo de conduzi-las a plagas mais seguras e a não dormirem durante as longas e frias noites, quando todos os carnívoros sentem-se mais famintos e mais vorazes, devorando qualquer preza que encontrarem.

— Impressionante como você nos descreveu tão bem, Hassan. Nós somos lobos famintos e chacais sanguinários.

— Eu sou um cão maldito, Papa. Eu destruí tudo o que encontrei na minha frente. Invadi campos alheios, devorei ovelhas de rebanhos pertencentes a outros pastores que não os de Allah... e até os pastores matei. Incendiei igrejas cristãs, templos naturistas, sinagogas, etc., queimei tudo e ordenei a construção de suntuosas mesquitas. Não creio que outro chacal tão sanguinário quanto eu já tenha servido ao Islã.

— Então temos muito em comum, Hassan. Eu arrecadei recursos para expandir o cristianismo e todas essas barbáries que os exércitos formados em nome de Cristo cometeram. Mas para mim só interessava expandir o poder da Igreja... e nada mais. Já não está só nas suas longas e frias noites, chacal do deserto! Um lobo das florestas do norte da Itália juntou-se a você. E creio que lobos e chacais, ambos são cães danados, não?

— Somos sim, Papa. Em nome de Deus ou dos seus mensageiros semeadores, nós transitamos com a desenvoltura dos humanos quando estamos na carne, mas nos descobrimos míseros cães danados quando a Lei Maior nos despe de nossos atributos humanos. Por que ninguém consegue nos destruir, Papa?

— Não sei, Hassan. Mas ainda encontrarei alguém capaz de fulminar-me e acabar comigo de uma vez por todas.

— Ninguém conseguira isto, Papa. Você serviu tão bem ao Cristo Jesus que ele o tornou portador das chamas do fogo da destruição, e tornou-o indestrutível.

— Não sei não, mas acho que você está enganado.

— Não estou, Papa. Tantos já tentaram destruir-me, e sempre acabam sendo lançados em suas dores finais. Nem seu fogo mortífero, o único que poderia ter destruído-me, se acendeu quando atingi seus ossos com minha lâmina. Nós atingimos com tanta fúria as religiões alheias que todas as divindades, as únicas capazes de dar fim aos cães danados, não nos permitem tal alívio. Ah! profeta, que Allah o tenha! Por que, quando ouvi tuas exortações não as entendi? Por que quando disseste que era para semearmos o Islã nos corações humanos, eu imaginei que só abrindo-os com minha lâmina conseguiria colocar suas sementes dentro deles? — Lamentou-se Hassan, que começou a chorar e a bater no peito com os punhos fechados, como se estivesse se torturando.

— Não adianta ficar histérico, Hassan. Talvez um dia desses apareça alguém para executar todos os lobos sanguinários e os chacais famintos e, aí, deixaremos de ser atormentados pelos nossos erros, falhas e pecados.

— Esperemos, amigo de tormentos!

— Como você sabe o nome do chefe desses infelizes aí, reduzidos a ovos?

— Aquele safado verme cristão serve a um outro, muito pior, que serve o Senhor do Trono das Sete Cruzes, que é um inimigo do islamismo e anda tentando se apossar de todos os espíritos dos infiéis ao alcorão. Assim, um através do outro, andam rondando meu domínio, conseguido a duras provas de submissão a um senhor muito rigoroso quanto a nós, os chacais famintos e sanguinários.

— Acho que sei muito pouco sobre as coisas que acontecem nesses lugares sombrios. Vou visitar meu tio e descobrir por que ele me vendeu a você se sabia quem eu era.

— Ele irá envolvê-lo mais uma vez, e aí será mais um a invadir os domínios negativos do Islã. Mas posso adiantar-lhe que ele descobriu que você havia sido possuído por este fogo da destruição, e o enviou aos meus domínios acreditando que eu seria destruído por você. Ele é muito astuto mesmo. Se não pode me atacar diretamente, envia espíritos atormentados por algum mistério negativo consumidor de seres humanos caídos.

— Bem, vou ter uma conversa com ele, Hassan. Depois volto para informá-lo sobre como tudo ocorreu.

— Se você se for, não volte aos meus domínios, Papa. Talvez ele o convença a destruir-me e aí...

— Bem, se isto acontecer, um chacal deixará de ladrar nas frias noites do deserto.

— Ou um lobo sanguinário deixará de uivar nas noites de lua cheia no topo das montanhas, pois aqui sou vulnerável, mas assentado no meu Trono da Pedra Rubra, sou só mais uma fúria de Allah voltada contra os caídos... todos os caídos.

— Qual o segredo daquele Trono?

— Isto não vou lhe revelar, Papa da destruição. Por que a curiosidade?

— Fora dele você é um, mas sentado nele você é outro. Por quê?

— Isto é um mistério, Papa.

— Um mistério?

— Sim. E, basta-me sentar nele para sentir um imenso e incontrolável desejo de punir todos os vermes, os chacais, as serpentes, os lobos, os cães e outros seres repugnantes ou perigosos. É um mistério que anima quem se assenta nele!

— Vou dar uma olhadinha nele antes de ir até onde meu tio se esconde.

— Para quê? Ele também já o está atraindo?

— Não. Já me bastou desejar o trono de Pedro e Paulo. Tronos, pelo que estou vendo, costumam ser tão desejados por aqui quanto na face da terra. Por que isto, Hassan?

— Trono é sinônimo de poder. Logo, não é preciso ser um gênio para atinar com a causa dos desejos que sentimos por eles, não é mesmo?

— Nunca mais vou desejar assentar-me num trono.

— Papa, nunca diga isto com tanta inflexão. Nas trevas nada é eterno. E o que hoje abomina, amanhã poderá se tornar uma das razões de sua mísera existência.

— Tronos nunca mais, Hassan!

— Isto veremos mais adiante, meu amigo. Papas e sheiks, não sei por que, continuam a ser o que são, mesmo quando a Lei os envia aos infernos.

— Não sei porque, mas gosto de você, Hassan.

— Quanto a mim, não sei por que não consigo odiá-lo, Guido. Acho que no passado já fomos muito amigos.

— Talvez, meu amigo. Talvez!

— Bem, olhe logo o meu trono. Caso ele o atraia muito, pode assentar-se nele e assumir este domínio negativo da religião islâmica, Papa. Afinal, a Allah você já está servindo, ainda que não acredite em mim.

Guido sentou-se a uma cautelosa distância do Trono da Pedra Rubra, e, apurando a visão, deu início à contemplação dele.

Mas contemplá-lo como um todo não era tarefa fácil, por isso optou por fixar sua visão nos detalhes que o tornavam uma obra admirável.

Tanto tempo durou a contemplação que Hassan tratou de assentar-se nele, pois pressentiu que o vigiavam a distância. E foi objeto da poderosa visão de Guido, que já havia chegado a várias das fontes energéticas que alimentavam aquele trono, único para seus conhecimentos.

Através de Hassan ele estabeleceu as ligações entre as várias fontes alimentadoras do Trono e, a partir daí, foi mais fácil avançar visualmente até dimensões que antes mal conseguia vislumbrar.

Quando sua visão abarcou todos os detalhes de uma só vez, todas as ligações ele conseguiu estabelecer. Então, com muita cautela, começou a reproduzir os detalhes daquela obra única e a trazer até sua frente as energias geradas pelas fontes localizadas em outras dimensões.

Hassan, que não era nenhum idiota, observava Guido e ia aprendendo com ele o que ia descobrindo. E quando Guido descobriu de onde provinha o ódio destilado por Hassan, este pediu:

Papa, fixe sua poderosa visão aí mesmo e, sem desviá-la, procure expandi-la até conseguir ver tudo o que aí existe.

— Você também está vendo a fonte do ódio que o possui sempre que se assenta no trono?

— Vejo por reflexo, Papa. Mas só vislumbro, pois estas chamas nos seus olhos são como uma cortina de fogo diante do que você está conseguindo ver.

— Então como sabe o que estou vendo?!

— Escuto seus pensamentos, oras!

— Penso tão alto assim?

— Você não sabia que nós, os espíritos, podemos ouvir os pensamentos?

— Não, Hassan.

— Que estúpido que você é, Papa. Seu tio deve ter ouvido tudo o que você deduzia naquela masmorra enquanto visualizava a dimensão de onde se origina este fogo da destruição que o possuiu.

— Será que foi isto?

— Não tenho mais dúvidas. Aquele safado pensou em acabar comigo usando um dos meus, pois assim que o comprei, assumi seu destino. Com isto pensou que me destruiria sem nunca ser responsabilizado pelo senhor dos mistérios que sustentam este trono da Lei Maior.

— Um senhor de trono não pode destruir outro?

— Não. Mas os canalhas que se assentam em uns vivem tentando destruir os canalhas assentados em outros.

— Por quê?

— Bom, caso seu tio tivesse me destruído, este trono ficaria vazio. Então enviaria um dos seus auxiliares até aqui, e em nome do senhor do trono dele, este seria assumido. Então ele o arrastaria até aos domínios dele e o incorporaria ao trono que ele já ocupa, e se tornaria muito mais poderoso. Mas ele não contava com o amparo de Allah neste trono, Papa.

— Allah, com todo o respeito e sem ofensa alguma, tem longas garras, Hassan?

— Garras?!!

— Sim... e longos chifres retorcidos...

— Garras... chifres... isto aí não é Allah, Papa blasfemo!

— Eu me desculpei antes, meu amigo! Logo, não sou blasfemo. Mas quem te sustenta neste trono tem garras longas e afiadas e chifres retorcidos. Logo, o que vejo, é um poderoso demônio dos infernos, que se alimenta das energias que alguns "detalhes" deste trono absorvem dos espíritos caídos nos seus domínios e enviam ao trono ocupado por ele, que é maior e mais cheio de "detalhes". E alguns dos detalhes dele enviam ondas de ódio, que o tornam um sujeito intratável e intolerante quando aí se assentas.

— Tem certeza de que é isto que acontece?

— Você não consegue ver?
— Não. Estas chamas nos seus olhos turvam tudo. Só consigo ver os detalhes. Sugiro que daqui mesmo você contemple tudo o que puder acerca do trono do safado que se alimenta das energias dos caídos em meus domínios.
— Vou tentar.
— Você consegue, Guido. Afinal, se chegou a Papa, isto é bem menos difícil, não?
— Será?
— Claro. Através deste trono você chegou a dimensões inalcançáveis aos espíritos, não foi?
— É, isto consegui.
— E conseguiu, só com sua mente e visão, reproduzir as energias que sustentam este trono, não?
— Também consegui isto.
— Através deste trono chega-se ao do safado, não?
— Sim.
— Então descubra tudo sobre aquele trono e o safado que o ocupa, Guido. Allah está guiando-o nesta sua missão, não tenha dúvidas!
— Tal como, segundo meu tio Giuseppe, o Cristo Jesus guiava-me?
— Bom, aí já não sei. Era isto que ele falava?
— Trocando o nome Allah por Jesus, as palavras eram as mesmas.
— Bom, tanto na terra como no inferno tudo é igual, meu amigo. Portanto, não tema nada, pois tenho certeza de que Allah está usando-o para libertar-me do ódio daquele demônio safado que tem interferido com minha missão de proteger os caídos em meus domínios islâmicos, mas sombrios.
— Bom, descobrir não implica envolver-me nos seus domínios, certo?
— É claro que implica. Você destruiu minha criatura de estimação e deve-me uma reparação à altura.
— Lá vem você de novo com sua criatura.
— Foi você quem a destruiu, não foi?
— Não foi por querer. Ela é que deveria ter me destruído.
— Eu o proibi de chegar perto dela, não foi?
— Está certo. Devo-lhe isto, amigo Hassan! Onde você quer chegar?
— Descubra tudo sobre aquele trono e sobre o safado que está assentado nele. Descubra os pontos fracos dele, a quais energias ele é resistente e quais ele não suporta. Depois iremos falar com quem me assentou neste trono e pedir-lhe uma orientação sobre tudo o que descobrirmos.
— Você quer dizer: sobre o que eu vou descobrir, certo?
— Você entendeu, Guido. Não precisa ocultar de mim nada do que verá, pois sou seu amigo de outros tempos, correto?
— Não sei não. E se você estiver agindo como meu tio, só para me usar em seu benefício?

— Eu nunca faria uma coisa dessas!
— Tem certeza?
— Por que a dúvida sobre minha lealdade?
— Eu descobri que um dos detalhes deste trono é irradiador do tal fogo da destruição. E era através dele que você mantinha sob seu domínio aquela criatura que o servia, pois ela temia que você a destruísse.
— Isto é uma calúnia, Guido!!!
— Você sabe que estou dizendo a verdade, mísero chacal! Assim que você revelou que meu tio ouvia meus pensamentos, fixei minha visão na sua mente e descobri tudo isto ouvindo sua memória. E, não sei como, posso ver todo o seu passado, Hassan. Eu me achava o mais desumano dos seres, mas vejo que você é pior que eu. Você até havia escutado minha memória, seu canalha!
— Tudo bem! Não precisa se irritar, pois o que fiz é um procedimento comum por aqui. Você ainda é novo e não sabe de tudo. Mas se confiar em mim e ajudar-me a libertar meu trono do safado que se alimenta das energias negativas humanas absorvidas por alguns desses detalhes, ensinarei a você tudo o que sei.
— Já não preciso que me ensine nada, pois posso saber de tudo através de sua memória. Pronto... já sei tudo o que você sabe... e o que nunca saberá.
— Não está pensando em destruir-me, está?
— É claro que não. Você destruiu o safado que ocupava este trono, e aí se assentou. Mas tornou-se escravo do safado que ocupa um trono muito maior e mais poderoso que este aí, pois, se enganado não estou, este é parte daquele.
— Guido, ajude-me e o apresentarei ao imã que sirvo. Ele vive na luz e poderá ser-lhe muito útil. Não estou mentindo sobre isso.
— Vou pensar, Hassan. Agora vou concentrar minha visão naquele outro trono e preciso de silêncio. Mas pode relaxar, pois não vou pensar mais.
— Isto é traição a um amigo leal, Guido.
— Traição? Você não tem moral para acusar ninguém de traição. Não agora que já sei que no passado éramos bons amigos até você trair-me descaradamente. Safado! Traiu-me com minha própria esposa! Você é pior que os chacais do deserto, Hassan.
— Olha só quem está me acusando! Por acaso pensa que não vi na sua memória que você traiu seu irmão com a esposa dele?
— Bom, ele viajava muito, e ela era meio insaciável nestas coisas de sexo, sabe.
— Por que o mesmo não pode ter acontecido conosco? Afinal, cunhados e amigos estão mais próximos de nós e nada mais justo que eles cubram nossas ausências. Ou preferia que um estranho à sua família confortasse sua solitária cunhada?
— Não, isto não! Mas tenho minhas dúvidas se ela não andou se deitando com o padre Benito.

— Um estranho!!!
— Mas era um padre igual a mim.
— Menos mal. Mas, ela era assim, tão faminta por sexo?
— Eu que o diga!
— Então ela é uma da nossa família, Guido!
— Que família? Você não foi meu parente.
— Ora! Chacais, lobos e cadelas no cio são todos da mesma família! — exclamou Hassan, rindo.

Guido, pela primeira vez, sorriu. Hassan estava certo. Os da mesma espécie não se afastam do grupo que formam.

O fato é que enquanto conversava com Hassan, ele ia descobrindo muitas coisas que até então desconhecia, e tudo começava a assumir um sentido.

Quando conheceu tudo sobre Hassan, pediu:
— Preciso de silêncio para concentrar-me naquele outro trono, amigo!
— Seja preciso em suas observações. Temos de descobrir os pontos fracos do verme que tem tornado minha vida um inferno, Guido!

Guido concentrou-se totalmente e pouco a pouco foi descobrindo coisas espantosas sobre as fontes que alimentam aquele trono gigantesco. Em cada detalhe esmiuçado visualmente, uma surpresa o fazia exclamar: incrível!

— O que é incrível, Guido? — perguntava Hassan, afligido pela curiosidade. Mas Guido só respondia pedindo silêncio.

Depois de muitos "incríveis", perguntou:
— Como estudar aquele sujeito cornudo, Hassan?
— Não está conseguindo penetrar na memória dele à longa distância?
— Não. Mas é porque ele usa algo como um capacete no alto da cabeça.
— Sei o que é isto. Já vi uns magos caídos com esta cobertura, que usam para não terem suas memórias vasculhadas por curiosos como nós.
— Vou estudar aquele capacete e fazer um para mim.
— Dois, por favor! Estou cansado de ser descoberto por todos os vermes das trevas, que não sei por que, parecem ser os mesmos que encontrei no plano material quando lá vivi.
— Que coincidências, não?
— É mesmo. Os safados não podiam ter desaparecido? Agora vivem à minha procura ou à espreita de um momento de descuido para acertar certas contas pendentes. Minha vida virou um inferno por causa deles!
— Que vida, sheik?
— A minha, ora!
— Você está mais para morte que para vida.
— Não, não! Ainda conservo muitos dos meus hábitos humanos.
— Quais deles podem ser classificados como pertencentes à vida, Hassan?

— Bem... sei lá... não entendo muito dessas coisas. Mas tenho certeza de que alguns são da vida.
— Está difícil encontrar uma característica da vida em você, não?
— Meu harém! É isto.
— Desde quando um harém caracteriza a vida?
— Eu sustento e protejo todas aquelas mulheres, Guido!
— Não seja cínico, Hassan. Elas são suas escravas, e você pagou um preço altíssimo por elas.
— Por aqui nada é de graça. O safado que as tem em abundância descobriu como torná-las belíssimas, e vive a mercadejar todos os espíritos femininos caídos que adquire. E, não sei como, dá a elas aquelas aparências sensuais. Isto é um mistério e tanto, sabe. É o mais ou um dos mais cobiçados.
— Quem é o sujeito?
— O que tem em mente?
— Só fiquei curioso, nada mais.
— Não. Não. Você pensou em descobrir como tornar espíritos femininos feios em estonteantes beldades, não foi?
— Eu não pensei nada, Hassan.
— Pensou sim. Posso ver nas chamas no fundo dos seus olhos, Papa. Depois de nos livrarmos do sujeito que tem me infernizado, levo você até o mercador de beldades sensuais. Mas com uma condição!
— Qual?
— Você terá de ensinar-me como dar às fêmeas caídas aparências tão "femininas".
— Você é um devasso, Hassan.
— Eu, um devasso? Olha só quem está me acusando de devasso! Acho que metade da população de Roma atual descende de você, Guido.
— Nada disso. Acho que só tive quarenta e oito filhos, Hassan.
— Só quarenta e oito filhos?
— Só? Você acha pouco?
— Eu acho que tive uns trezentos ou mais.
— Você não conhecia as drogas que provocam abortos?
— Abortos? Você recorreu a eles, Guido?
— Foi preciso, sabe.
— Não é à toa que seu Deus Jesus Cristo não quis mais saber de você assim que você morreu para a carne. A concepção da vida, para os da luz, é um dogma divino, sabia?
— Bom...
— Que droga de Papa foi você, Guido? Devia ser o primeiro a defender a concepção.
— Eu fazia isto de público, Hassan.
— Mas não na sua vida privada. Aí está a razão de ter sido enviado ao inferno.
— Será que esta é a razão?

— Tem outras também. Mas esta está entre as principais. Saiba que um dos tipos de caídos que mais são desamparados pelas leis das trevas são os que atuam contra a concepção. É uma das atribuições deste trono e só não o executo porque você já se tornou insensível e resistente aos poderes dele, além de ser meu amigo.

— Não reagirei, Hassan. Pode ativar os poderes de seu trono contra mim e dar um fim à minha maldita vida, ou melhor, antivida.

— Não. Vai que algo saia errado, aí o executado serei eu! Mas você está em dívida com a concepção e terá de reparar o que fez, certo?

— Como repararei esta afronta à vida?

— Bom, o imã de que falei dirá como. Ele entende bem dessas coisas da vida, Papa da morte.

— Será que conseguirei reparar este erro?

— Se sabia como provocar abortos e tens a auxiliá-lo esta visão poderosa, certamente descobrirá várias maneiras de impedi-los quando der início à reparação, certo?

— Por que está me dizendo tudo isto, Hassan?

— Eu estou a ponto de explodir de ódio contra você, Guido. Só estou me contendo porque é meu amigo de longa data. Mas caso você se recuse a tornar-se um defensor da concepção, aí...

— O poder deste trono me fulminará? É isto?

— Fulminará a nós dois, Papa da morte. E não acho justo pagar tão caro por um erro seu.

— Você não tem de pagar pelos meus erros.

— Eu deveria tê-lo executado assim que revelou que recorrera aos abortos. Como não fiz isto, o poder que dá forma a este trono voltou-se contra mim também. Estou começando a acreditar que você foi enviado pelo Senhor da morte para me fazer sofrer e pagar pelo que não fiz, Guido.

— Não, não. Eu errei e não nego que fui um verme. Mas assim que seu imã me ensinar como amparar a concepção, repararei este meu erro. Isto eu prometo!

— Não aceito promessas, Guido. Jure pelo Senhor da vida antes que eu expluda em mil pedaços!

— Está certo. Errei e devo reparar tal pecado: eu juro pelo Senhor da vida que quando tiver condições, sustentarei a concepção com todo o meu empenho.

— Repita este juramento por sete vezes, Papa da morte!

Guido fez o que Hassan ordenara, pois viu que ele estava prestes a ser consumido por chamas que saíam da pedra vermelha encravada no alto do trono energético.

Quando as chamas se recolheram, as vestes que o cobriam haviam sido consumidas, deixando-o nu, ao que Guido comentou:

— O que agora me falta, em você parece haver até em excesso, Hassan.

— Sempre fui muito bem servido neste sentido, Papa cadáver.

— Tem certeza de que já era assim quando vivia no plano material?

— Bom, não exatamente sabe! Mas no espírito isto sempre foi assim.
— Conheci umas criaturas meio cobra meio mulher que gostariam de conhecê-lo de perto, Hassan.
— Que tipo de criaturas são estas?
— Sei lá. Mas que se alimentam de energias sexuais, não tenho dúvidas.
— Meio cobras e meio mulheres, você disse?
— Foi isto mesmo.
— Então está explicado tudo. Você foi meio homem e meio serpente venenosa. Logo, foi punido por espíritos semelhantes. Na certa elas são o que foram na carne: meio humanas e meio serpentes venenosas. Acho até que foram adeptas do aborto!
— Será?
— Eu é que não quero ir até lá para comprovar. Já me basta o que você falou.
— Vou fazer outra veste para você, igual à que você usava antes de...
— Você pode fazer outra igual?
— Posso.
— Incrível! O que mais você pode fazer, Papa-surpresas?
— Não muita coisa. Aprendi muito pouco até agora.
Guido concentrou-se e pouco depois fez surgir uma veste igual à usada por Hassan, que a recolheu e ficou esfregando para ver se não se desfazia. Por fim falou:
— Isto, uma veste assim, só vi o imã fazer. Isto é um mistério sabia?
— Não sabia. Que mistério é este?
— Chamam-no de o mistério das vestes plasmadas. E se você pode fazê-las, então conseguirá transformar as horríveis caídas em deslumbrantes e sensuais beldades.
— Antes precisarei localizar as fontes de energias que dão aquelas aparências a elas.
— Como você chegou às das vestes?
— A partir das vestes dos soldados caveiras.
— Então, a partir de minhas escravas poderás chegar até as aparências que aquele mago das trevas domina tão bem.
— Depois tentarei isto também, Hassan.
— É, vamos voltar nossa atenção ao tal capacete que consegue tornar invioláveis nossas memórias imortais e bloqueava os nossos pensamentos.
— Vamos, não! Eu vou, pois você fica aí sentado e sem ajudar em nada!
— O que posso fazer? Você é o portador desta visão poderosa que, para mim, está se mostrando um mistério, sabe.
— E você, o que tem que possa ser um mistério, Hassan?
— Acho que só o que você admirou curioso.
— Entendo. Um devasso é o que você é.
— E você é um curioso. Aposto como irá descobrir o mistério deste meu mistério e aí...

— Silêncio... estou quase descobrindo o segredo daquele capacete inviolável.

— Não desvie de assunto, Papa-mistérios. Eu estava dizendo que...

— Cale essa boca, Hassan. Caveiras não têm sexo. Ou já se esqueceu disso?

— Não me esqueci não. Mas se você pode plasmar tudo a partir das fontes, certamente descobrirá as que dão sustentação aos...

— Já pedi silêncio! Ou se cala por um instante ou o abandono agora mesmo, Hassan!

— Você não pode me abandonar, Guido. Jurou pelo poder que sustenta este trono e a ele está ligado desde então. Já se esqueceu disso?

— Não me esqueci do que jurei. Mas por aqui, além do sexo que pratica com suas escravas, há alguma concepção de vida?

— É claro que não. Espíritos não engravidam!

— Então não será aqui que irei cumprir meu juramento, Hassan! Logo, ou você se cala ou vou embora.

— Você está magoado por não possuir mais seu sexo humano, Guido?

— Estou. Descobri que para cada tipo de erro que cometi, uma parte do meu corpo espiritual foi arrancada de mim. Você sabe o que isto significa?

— Apenas que você andou errando um bocado, Papa-erros.

— Isto também. Mas o principal é que acabei de descobrir algo muito importante.

— O que é?

— O caso é que a Lei Maior dota o ser humano de olhos, mãos, pés, boca, ouvidos, sexo, estômago, etc., mas, se dermos mau uso a cada um desses órgãos, a lei priva-nos deles ou os transforma em aberrações assim que deixamos o corpo físico.

— Até aí não vejo nada de mais. Eu costumava mandar cortar uma mão de quem roubava. E, se persistisse no roubo, cortava a outra. E se mesmo assim o safado insistisse, só restava-me mandar que fosse degolado. Aí nunca mais roubava!

Você não era muito radical?

— Não. Pequenos furtos eu mandava punir com algumas chibatadas, e aumentava o número à medida que o furto crescia de importância. Acha que se uma criança roubasse algumas frutas no mercado eu ia cortar-lhe as mãos que um dia poderiam empunhar espadas e lutar pelo meu reino?

— Melhor para eles teria sido você amputar-lhes as mãos, Hassan. Assim não teriam matado inocentes sob seu comando e, no inferno e à tua caça não estariam agora. Teria se livrado dos rigores da Lei Maior e de viver com medo deles aqui nas trevas.

— Como eu ia saber desses desdobramentos, Papa-juiz? Era, e ainda é, uma lei aplicada em muitos lugares da terra. Mas não me preocupo com eles.

— Não?

— Não mesmo. Sempre que algum tenta algum acerto de contas, reduzo-o à sua semente original, e não me incomoda mais. Afinal, posso ter sido complacente lá na terra. Mas aqui nas trevas, complacência? De jeito nenhum, sabe.

— Sei. Só que, mais tempo menos tempo, e um desses chacais acabará "ressuscitando" do pesadelo em que está mergulhado... e aí, bem...

— Que nada. Quando o safado começar a despertar desse pesadelo, arranjarei um mais tenebroso e pronto.

— Não sei não... mas acho que você não só não é muito recomendável como amigo, como sua companhia é um tanto incômoda, sabe!

— Só porque, no inferno, todos me odeiam? Só por isto, Papa-distante?

— Não é só por isso. Ser odiado por todos que vagam nas trevas até que é compreensível. Mas o teu problema é que parece que tem contas pendentes com todos, Hassan! Parece que viveu na terra só para fazer inimigos!

— Você fez amigos, Papa?

— Deixe-me lembrar de algum — pediu Guido.

— Está difícil lembrar-se de algum?

— Bom... acho que todos os que comigo conviveram, era só por interesse. Mas havia meu irmão Gino, leal a toda prova. Ele até morreu lutando contra uns príncipes do norte da Itália, que eram aliados dos alemães e desejavam destronar-me. É isso: Gino era meu irmão e meu amigo! Você teve alguém assim, Hassan?

— Não. Meus irmãos tentaram apossar-se de minha fortuna e fui obrigado a dar uma dura lição a eles.

— Que lição?

— Só ordenei a uns assassinos que dessem um susto neles.

— Só um susto? Como você foi condescendente! O que fizeram a eles?

— Só mostraram o inferno àqueles falsos irmãos.

— Mas para se ver o inferno verdadeiro, nós sabemos que tem de se morrer para a carne, certo?

— Claro. Se não fosse assim eu não teria confiado tal susto a assassinos, não é mesmo?

— Ah, é mesmo! Eu não liguei o susto com quem o aplicou neles. Acho bom afastar-me de você enquanto ainda me restam os ossos do esqueleto humano, Hassan.

— Já não sou como fui no tempo em que vivi no plano material, Guido. Já melhorei muito desde então, sabe!

— Em qual sentido você melhorou?

— Bem... deixe-me ver... acho que... não, nesse só piorei um pouco. Talvez em relação a... não, aí também só piorei, ainda que tenha me especializado em assustar as pessoas que não me agradem. Bom... sei lá onde melhorei! Mas que melhorei, disso não tenho dúvidas. Até consigo gostar de você!

— Você só me tolera porque sabe que não desejo seu trono da Pedra Rubra, Hassan.

— É claro que isto também conta. Mas eu aprecio sua companhia. Tanto aprecio que depois de acabarmos com o safado que está me atormentando, vou levá-lo até meu harém particular e, caso algumas de minhas belezas sensuais o agradem, poderá ficar com elas só para você.

— Quanta generosidade!

— Com meus amigos sou o mais generoso dos amigos!

— Generoso? Você é o mais chacal dos chacais, sabia?

— Não está desejando todo o meu harém. Está?

— Seu verme sarcástico. Só oferece o que não posso usufruir, pois sabe que caveiras iguais a mim já não possuem sexo. Você é o pior dos caídos, Hassan! Eu deveria explodir este trono com você assentado nele. Isto é coisa que se ofereça a alguém no meu estado?

— Puxa, Guido! Eu só quis dar uma prova de minha amizade. Saiba que niguém jamais abriu seu harém particular a alguém.

— Você sabe por que não fazem isto?

— Claro. O harém é nosso jardim das delícias particulares, e uma posse muito pessoal.

— Não é nada disso. O fato é que as mulheres dos haréns, sem nada para fazer ou homens para distraí-las, têm de ser mantidas fechadas a sete chaves ou se entregam ao primeiro homem que entrar neles.

— Não é nada disso.

— É claro que é. O padre Benito e mais alguns emissários meus, certa vez, foram enviados até o Egito para acertarem um acordo com o sheik que cuidava da sua religião por lá, e por engano entraram no harém do safado; eram tantas mulheres carentes que eles se demoraram muito mais tempo do que o caso exigia. Há, há, há...

— Não ria, Papa. O sujeito não era um sheik verdadeiro ou ele enganou seus emissários com um falso harém só para extrair deles coisas inaceitáveis sem certas compensações.

— Pensando bem... acho que foi o segundo caso, pois o acordo foi tão ruim para nós que tivemos de formar um exército para convencer o tal sheik a mudar algumas cláusulas muito contrárias aos interesses da Igreja católica.

— Viu só? Os sheiks nunca abrem seus haréns!

— E você será o primeiro, só porque estou reduzido ao estado em que seus eunucos ficavam, não? Você é o pior dos "amigos" que já surgiu em minha antivida, Hassan.

— Eu só queria alegrá-lo um pouco, Papa. Afinal, vocês, os cristãos, condenam tanto o sexo que acabam transformando uma das delícias da vida num dos tormentos das trevas. Todos nós apreciamos o sexo, mas vocês cristãos o transformam num eterno sofrimento para os seres humanos. Transformam algo tão natural numa aberração.

— Mas não somos tão cruéis com nossas mulheres quanto vocês são com as suas, que apedrejam quando elas ousam procurar fora de seus haréns as tais delícias a que se refere, e que parecem reservadas só aos homens de posses.

— Aí já é uma questão de leis matrimoniais, Guido.

— Que droga de lei é esta que permite aos homens terem tantas mulheres que deixam todas insatisfeitas?

— É muito mais sensato possuirmos as que desejamos que desejarmos as que não possuímos. Ou não é verdade que os cristãos vivem a desejar as mulheres alheias? E tanto isto é verdade que emprestaram o decálogo dos rabinos só para justificarem esta falha nas coisas do matrimônio.

— Isto, o decálogo é só uma herança religiosa que recebemos da lei mosaica.

— Não é nada disso. Vocês o impuseram e tornaram o sexo o pior dos pecados porque, ou não confiavam na fidelidade de suas esposas ou na lealdade de seus amigos. Talvez seja porque houvesse mais homens que mulheres, não?

— Talvez sejam as três coisas.

— Então as leis islâmicas são mais sábias. Elas condenam à morte os adúlteros, permitem a um homem ter quantas mulheres ele puder sustentar, e obriga-as a se manterem recolhidas nas casas e se cobrirem bem quando saem a lugares abertos, pois assim não despertarão o desejo nos homens.

— Você, escudado nas leis do alcorão, justifica tudo o que faz. Mas não é justo mantê-las como você mantém, Hassan.

— Você, com estes seus olhos misteriosos, já localizou meu modesto harém, não?

— Modesto? Você chama de modesto um harém com muitos milhares de espíritos femininos?

— Papa, você não está atinando com o lado positivo desta minha atitude.

— O que há de positivo em manter tantas fêmeas presas?

— Com isto estou evitando que elas vaguem por aí, nestas trevas sombrias, e cometam atrocidades sexuais, ou venham a ser violentadas por espíritos sexualmente bestificados. E saiba que não existem só meio-homens meio-serpentes por aí!

— Não?

— Não mesmo. Já vi homens-lobo, homens-bode, homens-touro e isto quando até a parte homem já não se bestificou também.

— Verdade?!

— Depois que acabarmos com o verme que está me atormentando, vou levá-lo a alguns lugares que conheço, e aí entenderá minha atitude como um bem àquelas minhas escravas. Afinal, posso não satisfazer a todas. Mas ao menos estou impedindo-as de cometerem atos que, aí sim, tornariam-nas desumanas!

— Não seria mais acertado libertá-las e deixar que vivenciem o sexo até esgotarem seus desejos?

— Isto é loucura, Papa. Você se lembra de como são as crianças?
— Claro.
— Então acha que os pais devem deixar seus filhos fazerem tudo o que desejam?
— É claro que não. Mas elas não são mais crianças, Hassan. Já são maduras o suficiente para entenderem que existem limites para tudo na vida.
— Quando você era Papa julgava-se maduro para o exercício do cargo que ocupava?
— Claro que sim.
— Então por que você não se ateve só às coisas que o seu cargo exigia? Por que se envolveu com tantas mulheres? Onde estava sua maturidade religiosa?
— Bem... colocando assim...
— Só coloco as coisas como elas são. Nós, os sheiks, os papas, etc., somos responsáveis pelos excessos que nossas ovelhas venham a cometer, pois nessas coisas dos desejos, todo tipo de desejos, quanto mais maduros nos sentimos ou nos acreditamos, mais excessos cometemos, pois nos julgamos donos dos nossos destinos e senhores dos nossos desejos. Mas em verdade somos os maiores escravos deles. Medite sobre isto, Papa! Depois me condene caso julgar que se existimos, razões possui a Lei Maior para nos punir quando relaxamos as leis comportamentais humanas.
— Talvez você tenha razão, Hassan.
— Talvez sim, talvez não. Mas enquanto eu acreditar que para elas é melhor a insatisfação que a degeneração sexual, assim vou agir.
— Tudo bem. Deixemos que o tempo confirme se está agindo certo ou errado. Mas, assim mesmo, obrigado pela oferta. Se não estava sendo falso, então estava sendo bastante generoso.
— Acho que inconscientemente eu tentei reparar o erro que cometi no passado quando o traí com sua esposa de então, Guido. Afinal, você não me conheceu, mas eu o conheci na sua outra encarnação, anterior a esta que você se perdeu no meio cristão.
— Como você me conheceu, Hassan?
— Você era um dedicado seguidor do profeta e servia ao Islã com fervor e uma retidão a toda prova. Mas, se eu o respeitava pela sua fé em Allah, também desejava sua atraente esposa. E por confiares em mim, hospedava-me na sua residência sempre que eu retornava à Medina para prestar contas dos meus atos ao profeta. Aí, você sabe como são as mulheres quando veem um forte, bravo, vigoroso e destemido guerreiro admirando suas belezas e formosuras.
— Eu orando e você me traindo dentro de minha própria casa, e com minha esposa! Que espécie de chacal é você, Hassan?
— Sou da mesma que você foi nesta sua última encarnação, Guido. Já se esqueceu que enquanto seu irmão Gino guerreava longe de casa, você confortava a esposa dele?

— Tens razão. Somos da mesma espécie!
— O bom em tudo isso é que elas foram consoladas por nós, e tudo ficou ocultado pela amizade ou irmandade, e ninguém foi publicamente desonrado.
— Menos mal, não?
— Bem menos, Papa! Devo-lhe uma reparação e se um dia recuperar seu sexo, poderá escolher quantas das minhas mulheres quiser, está bem?
— Por que me revela tudo isto, Hassan?
— Bom, mais tempo menos tempo você irá recuperar sua memória imortal. Aí, ao menos isto já terá sabido de mim mesmo. E isto evitará males irreparáveis no futuro.
— É, enquanto tudo estiver entre amigos ou parentes é tolerável.
— É sim. Eu odiaria saber que um estranho ou algum inimigo ronda meu harém.
— Tenho certeza de que você o executará.
— Se um verme invadi-lo, eu o fulmino, Guido!
— E se for um lobo faminto, Hassan?
— Que tipo de lobo, Papa?
— Um lobo igual a mim.
— Eu o esfolo até que os pelos dele saiam todos no fio de minha lâmina. Mas... você já descobriu como plasmar um sexo igual ao meu?
— Não. Foi só curiosidade. Afinal, lobos e chacais são amigos, não?
— Só quando não estão famintos, sabe!
— Entendo.
— Você, enquanto conversávamos, descobriu o mistério desse meu sexo, não?
— Eu já disse que não, Hassan. Não acreditas em mim?
— De jeito nenhum. Você tem um poder visual único, Guido. Eu notei que você, dissimuladamente, havia fixado sua visão em meu sexo. Principalmente quando, ao comentar sobre as fêmeas, fiquei excitado, já que isto acontece comigo toda vez que penso no meu harém. Aí, não sei como, você descobriu o que todo o inferno anda tentando descobrir, e todo o céu tenta ocultar dos caídos.
— Você ouviu em minha mente algo nesse sentido?
— Não ouvi nada. Mas você está progredindo rápido demais na arte de não pensar enquanto descobre tudo o que lhe interessa, correto?
— Digamos que consegui o tal mistério tão desejado pelo inferno. Então como reagirás caso eu vá até seu harém e usufrua das formosuras do seu jardim das delícias?
— Mas você não descobriu, certo?
— Não é isto que quero ouvir, Hassan. O que você faria se lá encontrasse uma caveira dotada de um sexo tão vigoroso quanto o seu, suprindo um pouco as carências de suas formosuras sensuais?
— Como posso responder a uma hipótese? Só raciocino em cima de fatos consumados, Guido.

— Viu só como você é? Abriu-me seu harém, e agora que sei como ter de volta meu sexo humano, recusa-se a admitir-me nele. Você é como todo mundo é, Hassan! Só oferece algo quando vê que não aceitarão ou recusarão. Aí, assume a aura de um magnânimo e generoso amigo. Mas, na verdade, nunca será um lobo de verdade e, talvez, nem um chacal você seja. Os lobos dividem suas presas, e os chacais, bom, não os conheço muito bem, mas acho que só comem parte delas e deixam o resto para os outros membros de seu bando de predadores. Quanto a você, bem, é um falso protetor delas, pois você as quer só pra si mesmo, e pouco está se importando com a sorte das que ainda não são suas. Portanto, não me venha mais com esta história de que é protetor daquelas infelizes, pois se a Lei Maior as enviou ao inferno, foi para elas darem vazão total aos desejos não realizados na carne, ou esgotarem os vícios adquiridos enquanto na carne e da carne viveram. Logo, se fui punido com a anulação do meu sexo porque recorri aos abortos e ceifei vidas, você foi punido neste sentido porque impediu a realização sexual das pobres mulheres que aprisionou no seu harém enquanto viveu no plano material. Agora é atormentado pelo seu sexo e pelo desmensurado desejo de ter só para si mais e mais formosuras sensuais no seu harém-prisão. Você não está servindo à lei, Hassan! Mais uma vez está se servindo dela.

— Isto não é verdade, Guido.

— É sim. A lei dos homens serviu-lhe muito bem, pois você era o poder. Mas aqui recorre à analogia para impedir que elas mergulhem de vez nos vícios do sexo, ou os esgotem. És o mais vil dos chacais, Hassan. Priva dos de sua espécie o prazer ou o esgotamento dos resquícios dele, e não as satisfaz, pois seu sexo está deformando o corpo básico elementar das infelizes, que possuis violentamente na ânsia de aliviar-se desse tormento que se apossou do seu sexo.

— Isto não é verdade, Papa-executor.

— Sou isto mesmo, Hassan. Fui um dos maiores defensores da Moral enquanto Papa. E se muitos inocentes foram punidos, no entanto muito mais culpados deixaram de atentar contra a doutrina do Cristo Jesus. Que vil chacal você é! Só não o executo porque prefiro que este tormento o leve à loucura, verme asqueroso!

— Por que esta revolta contra mim, Papa-juiz?

— Você ainda pergunta, vil canalha?

— Claro. Não sei por que ficou tão furioso. Como entender um amigo que, de repente, se mostra o mais violento e intolerante dos inimigos?

— Você sabe muito bem do que estou falando, Hassan. Eu já a localizei em seu harém.

— É de Leila que você está falando, Guido?

— Você sabe que é. Não tinha o direito de aprisioná-la aqui por tanto tempo, vil chacal.

— Ouça, por favor! — pediu Hassan, vendo todo o esqueleto de Guido ardendo em chamas, querendo avançar sobre ele e consumi-lo vivo.

— Fale, vil canalha!

— Eu estou tentando dizer-lhe, desde que descobri quem você já foi em outra vida na carne, que Leila, sua esposa de então, está protegida dentro do meu harém.

— Protegida? Desde quando aquilo é proteção?

— Eu juro por Allah que só quis protegê-la, Guido.

— Não aceito tal jura, Hassan.

— Não acredita em Allah?

— N'Ele, sim. Mas não no seu juramento, pois você é um anti-Islã e um falso islamita. Logo, seu juramento é falso, ainda que Allah seja verdadeiro e único Deus.

— Você conhece o mistério deste trono, não?

— Conheço,

— Se eu pronunciar algo, seja uma sentença ou juramento falso, serei punido com minha execução final, certo?

— Isto mesmo.

— Já que tem consciência disso, digo-lhe que juro pelo mistério deste trono que só quis proteger Leila. E se eu estiver mentindo, que agora mesmo eu seja punido por ele.

— Por que se arriscar a tanto, Hassan?

— Ora, quero ser punido pelo que devo, não pelo que considero um crédito diante de Lei Maior. E este seu fogo da destruição, caso você pense em punir-me, avançará sobre mim e me consumirá como aquela criatura. E isto, um fim injusto, não mereço, sabe! Não me importarei e não reagirei quando for justo o meu fim. Mas enquanto não for, lutarei por minha maldita vida atormentada pelos vícios humanos e os horrores infernais. Que o mistério deste trono me puna se estou mentindo quanto a Leila, Guido! — clamou Hassan, que clamou ainda: — Que Allah me puna por isto também caso eu esteja sendo falso, pois jamais me furtei de ser punido, e como já fui punido, pelos meus erros, falhas e pecados! Mas nunca blasfemei ou me levantei contra o Senhor da Lei Maior. Sofri tormentos indescritíveis, mas sempre os aceitei como justa punição por ter sido um falso islamita e um anti-Islã. Se a retive aqui, foi para protegê-la da fúria dos demônios inimigos do Islã, que desejavam vingar-se dos semeadores do Deus único num meio dividido entre muitos deuses ou falsos deuses, pois dois não há, e o único é Allah!

— Quem são esses demônios, Hassan?

— Não sei. São muitos, são poderosos e inalcançáveis ou inatingíveis pelos poderes deste trono. Sabe, um dia eu morri para a carne e, como você após seu último desencarne, mergulhei por inteiro nos mais horríveis tormentos do inferno. Rastejei como as serpentes, ladrei como os cães, uivei como os chacais, apodreci no meio dos vermes e servi de alimento a todas as criaturas anti-humanas que vagam na eterna noite do tempo. Clamei mil vezes pelo perdão ao meu Deus e, até Ele meus clamores não chegaram, pois para muito longe Dele eu havia me afastado. Então, em meio ao maior dos meus tormentos, e já próximo de perder até minha fé, clamei pelo imã que eu havia traído. E ele, que é um Puro, ouviu meu clamor e deixou sua morada junto ao Eterno e desceu até onde eu, reduzido a um farrapo, estava abandonado. Ele me recolheu em seus luminosos braços e conduziu-me a um lugar onde fui curado e reequilibrado. Ao meu lado ele me confortou e pacificou meu espírito atormentado. Justo ele, que eu havia traído dentro de sua própria casa, com sua esposa e em seu leito. Ele, que durante sua vida na carne, só com o dom da palavra converteu muito mais pessoas ao islamismo que eu, com minha afiada cimitarra, e que havia conquistado o justo direito de viver na luz do Eterno, deixou-a só para socorrer-me quando me encontrava à beira de uma queda em minha fé.

Eu impunha o Islã pelo medo, enquanto ele o semeava com amor. E por amor perdoou-me, assim como perdoou Leila, a quem ele muito amava, ainda que amasse muito mais ao Deus único, a razão de sua existência.

Ele, tendo deixado de viver nos jardins do Eterno, assentou-se em Medina e inspirou muitos luminosos irmãos que labutavam na consolidação da religião islâmica, atribulada por todos os lados e por todas as religiões que haviam perdido seus fiéis para o islamismo.

Eu, amparado e instruído por ele, o meu irmão, voltei a empunhar uma cimitarra astral e protegia os semeadores do islamismo das investidas dos demônios das trevas mais profundas.

Assim foi, até que o cristianismo reagiu ao avanço para o ocidente, lançado pelos sheiks árabes. Aí vieram as cruzadas, cruéis e devastadoras, a reação na Ibéria, a invasão do norte da África, e uma política cristã muito agressiva contra os islamitas.

Falando assim, você poderá pensar só no lado material. Mas aqui no lado espiritual, tanto no alto como no embaixo, e tanto na direita quanto na esquerda, tudo foi envolvido e muitos desencontros aconteceram em todos os quatro cantos do círculo sagrado.

Quando os europeus se esgotaram nas cruzadas, e o islamismo aquietou-se para curar suas próprias feridas, o meu irmão luminoso recebeu do alto a missão de reencarnar em solo italiano e ser um pacificador que selaria uma paz racional e duradoura entre o cristianismo e o islamismo.

Você, Guido, era para ser o pacificador. Eu o protegi à esquerda desde antes de nascer para a vida na carne. E lutei com todas as forças desse trono contra as investidas dos demônios das trevas mais profundas, que odeiam tanto o islamismo como o cristianismo.

Muitos dos que o protegiam caíram nesta luta insana travada pelo embaixo contra a esquerda, a direita e o alto.

Resisti até onde me foi possível, pois este trono é limitado, já que é parte de um degrau planetário cujo alcance ultrapassa a dimensão humana e adentra outras dimensões da vida, as tais que você consegue alcançar com sua visão privilegiada.

O fato é que, se uma paz definitiva entre as duas religiões não foi alcançada, no entanto uma paz relativa foi conseguida, e tanto uma como a outra continuaram a vigiar-se com um dos olhos enquanto estendiam os olhos para outras, mais fracas ou menos aguerridas, pois estavam expandindo-se pelas armas. E tudo indica que só aconteceram pequenos choques desde aqueles acordos mais ou menos aceitáveis.

A ambição de poder que possuiu você e levou-o a abrir novos horizontes para o cristianismo, que estava meio imobilizado pelo feudalismo onde, a exemplo dos sheiks árabes, cada bispo tem sua área de influência e só pensa em si mesmo e no seu domínio em vez de pensar na religião como um todo a ser depurada de seus excessos e fortalecida nas suas deficiências.

Quando você desencarnou, desapareceu do meu alcance visual, pois foi tragado pelo inferno do cristianismo, todo ele povoado por demônios assustadores e anti-humanos.

Eu, sem saber onde encontrá-lo e sem poder descer com este trono senão nunca mais o traria de volta à esquerda do islamismo, dediquei-me a comprar caídos cristãos, esperando resgatá-lo e poder retribuir o bem que havia me feito quando fui lançado no inferno do islamismo, também povoado por demônios anti-humanos, pois todos os infernos religiosos são habitados por eles, os anti-humanos.

Reconheci seu tio Giuseppe, que fora seu mentor religioso, assentado num degrau do trono planetário das Sete Cruzes da Fé e da Vida.

Como os semelhantes sempre se atraem, imaginei que se você voltasse à tona, seria nos domínios do trono dele.

O safado descobriu você e ficou a vigiá-lo para ver se eu o odiava por ter colocado você no caminho das trevas. Isto estou deduzindo, certo?

Então, quando descobriu que você fora possuído pelo fogo da destruição, aí o vendeu para mim a um preço altíssimo, que paguei, pois queria tê-lo perto de mim, reequilibrá-lo e devolvê-lo ao Eterno, reparando minha traição e adquirindo um pouco de paz em minha consciência atormentada. A Lei Maior é minha testemunha de que outro desejo não me movia. Mas descobri que você portava o fogo da destruição e acautelei-me, pois podia ser uma armadilha do seu tio Giuseppe; os acontecimentos provaram que minha desconfiança tinha fundamentos. O safado tencionava destruir-me por meio de você, e só então se apresentaria, conquistando-o mais uma vez para servi-lo.

Só que algo saiu errado nos planos dele, e você não me destruiu, ainda que minha única defesa contra o embaixo tenha sido fulminada por este fogo que se manifesta através dos seus olhos e mente.

Se estou desprotegido contra o embaixo, no entanto o devolvi à vida quando o induzi a transformar-se num protetor da concepção, pois foi esta afronta à Lei Maior que mais pesou na sua queda.

Você jurou, e sei que irá cumprir o compromisso assumido. E tudo que estiver ao meu alcance farei para auxiliá-lo a amparar a concepção, Guido. Acredite-me, por favor! — clamou Hassan.

— Eu acredito em você, meu amigo. Desculpe-me se quase o lancei no tormento do fogo da destruição. Por que não me revelou tudo isto antes?

— Eu não podia arriscar-me. Uma falha, por menor que fosse, poderia tê-lo lançado nos abismos do embaixo. Fui facilitando tudo para que você descobrisse nossas antigas ligações, mas sem descuidar um só instante do efeito que elas causavam em seu emocional. Acho que antes eu nunca havia passado por uma provação tão difícil.

— Acho que não mesmo. Vamos até seu harém, pois quero conhecer essa Leila.

— Você já a conhece Guido. Ela reencarnou um pouco antes de você como sua tia Conchetta, que o amava muito, e estava animada por um imenso desejo por você.

— Por quê?

— Eu consegui isto com uma senhora de um trono dos desejos, mas o preço que paguei foi um tanto caro.

— Por quê?

— Tive de deixá-la saciar em meu sexo o desejo que sentia de possuir-me. Aí fiquei com o sexo animado por um desejo incontrolável. Mas até nisso vejo uma ação da Lei Maior: fui punido com um tormento sexual porque um dia traí um homem que confiava em mim. E porque era um homem santo, nada mais justo que eu fosse atormentado por um desejo insaciável e infernal. Nenhuma punição de Allah é injusta ou injustificável. Basta olharmos para nós mesmos e encontraremos em nosso íntimo a razão da punição. Não respeitei um homem guiado por Allah, e não entendi que se ele dedicava mais atenção aos fiéis do Islã era porque estava todo voltado para uma semeadura divina que prosperou tanto na face da terra que hoje é uma das mais sólidas religiões no mundo terreno. E mais uma vez peço seu perdão por um erro cometido no passado, semeador divino.

— Eu caí para o lado escuro da vida, Hassan.

— Para mim, que o conheci na carne e na luz do Eterno, nunca deixará de ser o que sempre será: um semeador divino por excelência! E o Eterno não o desamparou, pois o reconduziu de volta aos domínios do Islã, ainda que na esquerda. Mas, como eterno e imutável é Ele, o nosso único Senhor, então é só uma questão de tempo para que você volte a viver na luz d'Ele.

— Preciso saber mais sobre tudo, Hassan.

— Eu o esclarecerei sobre tudo o que desejar saber, meu imã!

— Não sou um imã, e o proíbo de chamar-me assim.

— Mas...

— Nada de mas. Sou o que sou: Guido, um Papa caído nas trevas e nada mais. Não vou macular o Islã aceitando uma distinção religiosa que só os religiosos islâmicos são dignos de ostentar. Em religião, certas coisas têm de ser tratadas com cautela, respeito e dignidade, Hassan. Assim procedemos ou profanaremos coisas sagradas e sacralizaremos coisas profanas. Eu, enquanto Papa católico apostólico romano, fui inflexível quanto às coisas religiosas. E não abrirei mão dessa inflexibilidade, ainda que tenha retrocedido da luz para as trevas. Se só razões humanas me conduziram a esta queda, o tempo dirá. Mas ainda haverei de tornar-me digno tanto aos olhos de Jesus Cristo quanto de Allah, que é o mesmo Deus Cristão. Quanto ao Cristo Jesus, divino tenho certeza que ele é, assim como o profeta Maomé também o é. Assim, para os cristãos, o mensageiro é Jesus Cristo, e para os islâmicos o profeta Maomé é que é o mensageiro. Um e outro cumpriram suas missões divinas e semearam religiões amparadas por Deus ou Allah, que são o mesmo. Nós, os humanos, é que às vezes falhamos nas nossas missões. Mas o generoso Deus de todas as religiões e de todos os povos sempre nos proporciona meios para nos redimirmos e repararmos nossos erros. E, se a nós, os meios estão agora à esquerda, então será nela que cresceremos, Hassan.

— Podes tirar mais um peso de minha consciência?
— Que peso, amigo Hassan?
— Você conseguiu dominar o mistério do meu sexo?
— Por que insistes nisso?
— Por favor, conseguiu? Eu imploro a verdade, meu senhor.
— Sim, eu consegui.
— Mostre-me, pois só assim minha consciência ficará em paz.
— Só minhas palavras não te bastam?
— Não. Podes não dizer a verdade só para acalmar minha consciência, meu senhor.
— Então jura que calará sobre este assunto e nunca mais o comentará.
— Eu juro, meu senhor.
— Ótimo, pois só vou plasmá-lo uma vez para aliviar sua consciência, e depois voltarei a ser assim, sem sexo, já que a Lei me privou dele para meu próprio bem.
— Nunca mais insistirei ou tocarei neste assunto, meu senhor.

Guido realmente havia dominado mais aquele mistério. E quando Hassan o viu, exclamou:

— Mas é idêntico ao meu! Como isto é possível? Até o vigor é o mesmo, não?
— O seu serviu como fonte, Hassan. Logo, em tudo é igual, até no desejo que aí o atormenta.
— Até nisso?
— Em tudo, meu amigo. Agora vou anulá-lo e voltar a ser como a Lei quis, para meu próprio bem: uma caveira, e nada mais.
— Se eu disser isto a alguém, dirão que estou louco.
— Não dirá nem isto e nem qualquer outra coisa sobre mim a ninguém, pois se o fizer, não tenha dúvidas de que o fulminarei e calarei sua voz para sempre. Nem Conchetta saberá!
— Assim será, meu senhor.
— Assim espero, Sheik Hassan.

Guido anulou o mistério e voltou a não possuir um sexo.

O que ele havia feito fora plasmar mentalmente uma energia retirada a partir do sexo de Hassan. O problema é que, se junto vieram as energias do misterioso desejo que possuíra o sexo dele, agora no seu sexo básico elementar aquele desejo havia se alojado, tal como o fogo da destruição. E aos seus apuradíssimos olhos, um sexo invisível aos olhos comuns, mas idêntico ao de Hassan, lhe era visível em seu corpo elementar básico.

Não ia ser fácil dominar aquele desejo, mas com o tempo descobriria como anulá-lo.

&ӿӿӿӿӿӿӿ∽

Guido voltou sua atenção ao capacete usado para impedir o acesso visual à memória que o senhor daquele monumental trono usava, e pouco depois já conseguia plasmar um igual, com o qual cobriu seu crânio. Plasmou outro e o entregou a Hassan, que sorriu ao colocá-lo e cobri-lo com o pano que usava para cobrir sua cabeça, um uso preservado em espírito, mas adquirido no plano material, e falou:

— Quero ver meus inimigos me descobrirem a partir de agora, Papa.

— Só tem um problema. Os amigos também não o descobrirão!

— Que amigos?

— Bem, então não tem problemas.

— Como consegue fazer estas coisas, Guido?

— Eu sigo uma espécie de rastro, uma trilha por onde fluem energias. E quando chego à fonte que a está gerando, puxo mentalmente a quantidade de energia necessária para fazer o que quero.

— Tudo só com a visão e a mente?

— Sim.

— Então poderá fazer com as mãos também.

— Que mãos? Só me restaram os ossos, meu amigo.

— Bom, olhos você também não tem!

— Então como você viu neles o tal fogo?

— Eu não vejo os olhos, mas tão somente os vislumbro. E nesse vislumbre vejo nitidamente as chamas. Logo, não tem mãos, mas de alguma forma elas estão aí.

— Se eu conseguir algo lhe revelarei. Mas por que a curiosidade?

— Olhe para onde até há pouco não havia sexo algum e descobrirá, Guido.

Ao olhar-se e ver que, a despeito de ostentar um esqueleto, o sexo que havia diluído estava novamente plasmado, exclamou:

— Meu Deus!, fui possuído por mais um mistério!

— O que aconteceu, Guido?

— Ainda não sei, Hassan. Mas algo saiu errado também desta vez. Eu diluí as energias que retirei de você, mas elas voltaram a condensar-se ao redor do meu sexo elementar básico.

— Que sexo é este?

Guido então revelou a Hassan tudo o que havia descoberto sobre o corpo gelatinoso que os seres possuem, e que subsiste por dentro do corpo espiritual.

— Isto eu não sabia!

— Pois existe. E no meu caso, ele, no sexo, assumiu uma forma igual ao seu quando mentalizei aqui um sexo humano.

— Eu fui a fonte, e ele assumiu a forma do meu?

— Isto mesmo. Mas algo saiu errado, e a excitação que o atormenta também veio junto com suas energias. E porque não consigo vê-las, também não consigo diluí-las. Aí está a excitação a incomodar-me, tal como incomoda a você. Ela deve ter reordenado as energias em torno do meu sexo básico, tornando-o visível aos seus olhos e visão humana, Hassan!!!

— Então, seguindo seu raciocínio, junto com o fogo veio alguma coisa que você absorveu, e que não deixa ele se apagar, ou melhor, o mantém aí, nos teus olhos básicos. É isso, não?

— Só pode ser. Você disse que este fogo é o da destruição, não?

— Sim. Ele é temido por todos os seres caídos.

— Por quê?

— Bom, segundo as lendas...

— Hassan, lendas só existem no plano material, onde o invisível não pode ser explicado.

— Eu sei. Afinal, se alguém nos vir no plano material, certamente dirá que viu seres do além ou sobrenaturais. Mas o caso é que, segundo dizem as lendas, há uma deusa portadora de um fogo que purifica os seres caídos quando tocados pelas chamas do fogo. E, porque todo caído é só negativismo, então ao serem atingidos pelas chamas, são reduzidos às suas sementes originais.

— Tem certeza disso?

— Bom, esta é uma daquelas lendas que ninguém quer desacreditar, ou desafiar o tal fogo da destruição, Guido. Você viu como ele consumiu a minha criatura e os escravos do seu tio, não?

— A consumação aconteceu num piscar de olhos.

— Eu vi quando você ficou furioso comigo, como seus ossos começaram a queimar. E se você tivesse desejado acabar comigo, eu teria sumido no meio desse fogo.

— Mas se ele destrói tudo o que é negativo, então por que não o destruiu?

— Acho que sua mente é a fonte reguladora da ação consumista dele. Ou você não reagiu quando sentiu a criatura agarrá-lo?

— Bom, eu queria ser destruído. Mas, ao sentir dor, inconscientemente reagi à criatura.

— E quanto aos soldados caveiras, o que aconteceu?

— Eu senti ódio deles e ia envolvê-los num laço de fogo que aprendi a plasmar enquanto estava preso no calabouço do refúgio do meu tio. Tudo foi tão rápido que não tive como impedir.

— Acho que a chave desse mistério está na sua mente, Guido. Você ia tentar fugir da dor, e o fogo anulou a criatura, pois ela era a fonte causadora dessa dor. Aí tudo foi inconsciente. Já com os soldados-caveiras, tudo aconteceu de forma consciente, pois você desejou puni-los.

— Se assim for, então o fogo é animado por algo que desconheço, mas que absorvi. Esse algo não é visível nem aos meus apuradíssimos olhos básicos, Hassan.

— Sim, e esse algo, que atua consciente ou inconscientemente, agora vive em você.

— O que será este algo, meu amigo?

— Não sei, Guido. Mas acho que é igual ou semelhante a algo que você absorveu junto com as energias multiplicadoras do meu sexo hipersensível.

— Isto significa que você, ao deixar-se possuir por aquela fêmea caída, absorveu este algo, que deve ser uma essência, e ela alojou-se em algum lugar ou parte do seu ser. E, porque ela desperta o desejo, então você vive, ou melhor, vivemos excitados. É isto, não?

— Só pode ser. E se estes "algos", estas essências não visíveis existem, então acabamos de descobrir algo que não sei como classificar, Guido.

— Meditemos um pouco, Hassan. Você disse que a tal caída estava assentada num trono dos desejos, certo?

— Foi sim. Ela não saiu dele para realizar-se comigo.

— Por quê?

— Bom, ela não sai daquele trono de jeito nenhum. É arriscado demais para um senhor de trono desocupá-lo, mesmo por um instante. Você viu o que quase aconteceu comigo quando saí do meu.

— Assentados neles, estão protegidos. Mas fora deles, podem ser presos como qualquer espírito. É isto?

— Exato. E seu tio devia estar me vigiando à distância, pois só assim teria sabido que eu estava vulnerável. Só que ele não contava com sua reação, e o plano dele falhou. Mas ele deve ter visto tudo o que aconteceu aqui, já que estava com sua poderosa visão focada neste domínio.

— Isto significa que ele viu os soldados dele serem destruídos, certo?

— Sim. E deve estar à sua espera com algum plano mais elaborado em mente, pois você tornou-se muito perigoso para ele, caso tenha ódio dele.

— Eu não odeio ninguém, Hassan.

— Mesmo ele tendo participado de forma tão intensa na sua queda?

— Nem isto desperta o ódio em mim.

— Será que o tal fogo faz isto, quero dizer, anula o ódio em você?

— Não creio. Se o anulasse, eu não teria destruído os soldados-caveiras. E além do mais, não culpo ninguém pela minha queda. Eu fui fraco diante dos vícios humanos e caí. E se o seu raciocínio fosse correto, ele anularia o desejo ou esta essência que me mantém excitado, não?

— Então este fogo não consome essências, Guido.
— Talvez. Acho que temos um vasto campo para estudos, Hassan!
— Nunca apreciei os estudos, mas acho que está na hora de mudar, caso queira sobreviver um pouco mais ou viver menos perigosamente. Afinal, já o trouxe de volta ao Islã, e agora já não desejo encontrar alguém que me destrua de uma vez por todas.
— Nem eu. Acho que tudo é uma questão de compreensão. A Lei Maior precisou de um Guido para pôr um pouco de ordem nos domínios do trono de Pedro e Paulo e recorreu a mim. Agora, outra missão ela confiou-me. Só preciso descobrir o que a Lei Maior deseja desta vez, e então servir conscientemente, certo?
— Isto mesmo. Você me aceita como seu auxiliar, Guido?
— Claro. Afinal, foi a você que a Lei Maior confiou o meu despertar em espírito. Está pronto para renunciar a este trono, Hassan?
— Você enlouqueceu? Se eu deixá-lo, serei fulminado por todos os meus inimigos.
— Não será não. Eu o protegerei deles.
— Impossível, Guido. Estou ligado a este trono há muito tempo e sou responsável por todos os espíritos que caem nos domínios dele.
— Esta montanha é o domínio regido por este trono?
— Está brincando? Isto aqui é só meu "palácio", Guido. Existe todo um plano da Lei sustentado por este trono.
— E meu tio deseja apossar-se desse domínio?
— Não. Ele e todos os outros caídos desejam só o trono energético.
— Por quê?
— Bom, trono é sinônimo de poder, quem domina um torna-se poderoso. Mas caso ele, que já está assentado em um, dominar este, então o arrastará até onde domina, e aí todos os espíritos caídos que estiverem em vibração negativa afim com o magnetismo energético deste trono, serão atraído por ele, e a ele pertencerão.
— Qual a vantagem de tornar-se senhor de espíritos caídos?
— Aparentemente é um contrassenso, não?
— Claro.
— Acontece que na luz vivem espíritos ligados por laços de amor com os que estão nas trevas, e preocupam-se com o destino deles.
Assim sendo, os tronos energéticos servem a Lei, pois sustentam estes espíritos até que possam ser reconduzidos à reencarnação. Com isso acontecendo, a Lei nos ampara e nos protege das investidas dos maiorais dos infernos que, por não possuírem tronos energéticos, absorvem as energias irradiadas pelos espíritos cujos sentimentos são negativos.
— Por que isto acontece?
— Bom, dizem que eles são possuídos por mistérios das trevas que os tornam mistérios em si mesmo e, por um processo que desconheço,

tornam-se absorverdores das energias irradiadas pelos espíritos cujos magnetismos se tornaram negativos.

— Bem, eu vi como essas tochas funcionam. O que alimenta as chamas rubras delas são certas energias que fluem por aqui. Mas a fonte deste fogo não está localizada nesta dimensão. Daí, deduzi algo assustador, Hassan!

— O que você deduziu, Guido?

— Que os tais maiorais são iguais a estas tochas ou estes tronos energéticos. Mas com uma agravante: eles são atormentados pelas energias que absorvem, senão não desejariam arrastar para seus domínios estes tronos, que absorvem naturalmente as energias irradiadas pelos espíritos caídos.

— Então, a tal essência que absorvi e que me excita, só me excita porque aqui circulam energias irradiadas por espíritos humanos, é isso?

— Mais ou menos. Este trono não as absorve, e elas, tal como as que alimentam as tochas, são atraídas por esta essência que, ao consumi-las deixa-nos sexualmente excitados e com um imenso desejo de copular com uma fêmea, qualquer fêmea. Que mistério é este, Hassan?

— Eu bem que gostaria de descobrir. Aquela safada cobrou-me caro pela ajuda que deu.

— Ela sabia que iria passar para você esta essência que absorve energias sexuais?

— Sei lá. Ela parece ser escrava daquele Trono, pois não desce dele para nada.

— Preciso dar uma olhada nele, Hassan. Talvez eu descubra que mistério é este que nos atormenta tanto.

— Pode ser perigoso, Guido. Ela é uma das senhoras do embaixo, e aquele Trono é muito temido. Dizem que ela esgota todos os machos que caem nos domínios dela até levá-los à exaustão total. Eu mesmo já fiz uns negócios com ela.

— Que negócios?

— Troco machos por fêmeas com ela.

— Está brincando?

— De jeito nenhum. Ou faço isto ou enlouqueço, Guido. E acho que o mesmo irá acontecer a você, caso esta sua visão não descubra como anular esta coisa que se ligou a você através de mim. Que sucessão maldita de ligações aos mesmos tormentos!

— Por que diz isto?

— Ora, sou inundado pelo ódio assim que me assento naquele trono e sou atormentado por esta maldita e interminável excitação. Acho que neste lado da vida não há nada de humano, Guido. Tudo aqui nos leva a ações desumanas.

— Este trono não é bom para você, Hassan. Agora que está fora dele, você é agradável e confiável. Mas ao assentar nele, torna-se cheio de ódio, ira, perversidade e outros sentimentos negativos. Qual a vantagem em ser o senhor dele?

— Quando me assento nele, os meus remorsos e temores desaparecem, e sinto um incontrolável desejo de punir portadores de vários tipos de pecados. Até a sensação de que alguém muito sobrenatural me vigia desaparece.

— Nós somos os sobrenaturais por aqui, amigo.

— Não, Guido. Eu sinto como que uma onipresença assustadora à minha espreita. É como se alguém estivesse à espera de um enfraquecimento mental meu para abater-se sobre mim. Mas quando me assento neste trono, sinto que esta onipresença temível se aquieta, ou se afasta.

— Mais um campo para estudos, meu amigo. Acho que devo apurar meus outros sentidos antes de sair por aí.

— Sair para onde? Tudo por aqui é escuridão, Guido. Só esta caverna é parcamente iluminada por estas tochas, o que não é grande coisa, mas é melhor que a escuridão total.

— Como você se apossou deste trono?

— Eu acabei com a vida do antigo ocupante dele.

— Então não é tão seguro como parece.

— Ele foi iludido por mim, caso isto pese alguma coisa.

— Você o traiu?

— Mais ou menos. Ele era muito cruel e sofri horrores indescritíveis nestes domínios. Mas quando fui promovido por ele a um de seus auxiliares, fiquei no aguardo de uma oportunidade. E quando ela surgiu, não vacilei: assentei-me neste trono e apossei-me dele.

— Como a oportunidade surgiu, Hassan?

— Lembra-se da criatura?

— Ela é inesquecível.

— Pois é, ela o devorou, e o trono ficou vazio.

— Não diga! — exclamou Guido, irônico.

— Tudo bem, eu o induzi a conhecê-la, e como já estava em acordo com ela, tudo aconteceu muito rapidamente, sabe!

— Sei sim. Onde você arranjou aquela criatura?

— Numa das missões que o antigo dono deste trono me confiou.

— Como?! que missão?

— Bom, recebi ordem de proteger um sujeito que vivia no plano material e que andava sendo atormentado pelo lado espiritual. Aí, ao protegê-lo, vi-me cercado por várias criaturas iguais àquela que não resistiram à lâmina que eu usava.

— Como era a tal lâmina?

— Ela, quando usada, irradiava este fogo que você traz em si mesmo. Tendo restado só umas das criaturas, que clamou por clemência, poupei-a, e fizemos um acordo: ela me serviria e eu a alimentaria.

— Uma fera de estimação, não?

— Mais ou menos.
— De onde vieram essas criaturas, Hassan?
— Não sei.
— Dê-me o que restou dela.
— Para quê?
— Vou tentar, através dela, descobrir de onde vêm.
— E se mais alguma essência desconhecida possuí-lo?
— Só vou localizar a origem dela, meu amigo.

Guido apurou sua poderosa visão e centrou-a no ovoide em sua mão, isolando-se de tudo o mais à sua volta. Também apurou sua audição e outros sentidos até que conseguiu "sintonizar" a memória da tal criatura. Então, usando de todo o seu poder mental e visual, avançou, sempre seguindo o fluxo que formavam as vibrações que ligavam aquele ovoide a alguma dimensão distante.

Ele lentamente seguia o fluxo e, em dado momento, deparou-se com algo indescritível: um lugar povoado por seres muito bonitos, mas não diferentes uns dos outros, como são os humanos. Lá todos eram iguais, e todos fêmeas muito vistosas, para não faltar com a verdade.

Após aquela parada momentânea, Guido começou a procurar o lugar onde ecoava um lamento quase inaudível aos seus ouvidos mas, à medida que se aproximava do lugar onde ele se localizava, o lamento ecoou como se ressoasse em uma câmara acústica.

Guido levou as mãos aos ouvidos, tentando deixar de ouvir aquele lamento tão dolorido, mas nada o "desligava" daquela ressonância.

A muito custo voltou a centrar sua visão e avançou até algo parecido com conchas. Ali expandiu sua visão e o que viu o deixou admirado a tal ponto que exclamou:

— Então as divindades existem!
— Que divindades, Guido? — perguntou Hassan, muito curioso com o que ouvia, mas não podia ver.
— Silêncio, amigo! Ela está falando comigo.
— Ela quem, Guido?
— A divindade, ora. E está pedindo que eu lhe devolva suas filhas caídas no meio negativo humano.
— Você está maluco? Falar com uma divindade, oras, que loucura!
— Eu a ouço muito bem agora, Hassan! Ela está pedindo que eu lhe devolva todas as suas filhas caídas e destruídas pelo fogo de sua espada. Onde estão os restos imortais das outras filhas dela?
— Não sei, Guido. Não recolhi aqueles ovos.
— Ela está ordenando que você se assente neste trono e mentalize as filhas dela atingidas por sua lâmina. Aí, ative o mistério do trono, e elas serão trazidas por atração mento-magnética até aqui. Vamos, faça isto imediatamente!

— Se você ordena, mas cuidado, hein!
— Ela é linda, Hassan. É tão encantadora quanto uma santa.
— Santas não existem fora do cristianismo, Guido. Você pode estar sendo atraído por algum demônio poderoso.
— Demônios irradiam luzes multicoloridas por todo o corpo, Hassan?
— Não. Mas existem alguns que têm os olhos mais rubros que a pedra no alto desse trono energético.
— Demônios irradiam a pureza através dos olhos?
— Você nem imagina o que eles irradiam através dos olhos, Guido! Dizem que quem já olhou nos olhos de um deles, ficou louco.
— Então ela não é um demônio, mas sim uma divindade muito, mas muito luminosa!
— Bom, você sabe o que está vendo. Certo? Logo, se algo sair errado, não me culpe depois.
— Ande logo e faça o que ela está ordenando, Hassan.

Feito como havia sido ordenado, pouco depois Guido recebia das mãos de Hassan mais seis daqueles ovoides.

Com eles seguros entre os ossos das mãos, Guido projetou-se e desapareceu, seguindo a uma velocidade indescritível até parar bem diante da divindade que, com uma irradiação saída de suas mãos, fê-lo parar sem estatelar-se no solo que era formado, todo ele, por pedras brilhantes.

Sem saber no que fixar sua visão, pois ali tudo era lindo, muito lindo, Guido sentiu-se atordoado diante de tanta beleza.

Além disso, sentia-se paralisado pela irradiação daquela divindade tão poderosa, mas que o olhava com um sorriso meigo, enquanto estendia suas luminosas mãos e recolhia os ovoides de suas filhas.

Mas o que mais o impressionou foi quando ela pousou sua visão neles e, imediatamente, começaram a tornar-se luminosos e, daí mais um pouco, desdobramentos começaram a acontecer até que em lindas mulheres, ou melhor, em espíritos femininos, elas se transformaram.

— Como isto é possível, meu Deus! — exclamou Guido, admirado, enquanto elas, chorando muito, voltavam seus olhos para a divindade que as inundou com fluxos energéticos multicoloridos, irradiados através de suas luminosas mãos.

No instante seguinte, algumas outras "irmãs" ali surgiram e as levaram para algum lugar daquele paraíso.

Guido observava tudo e via aquilo acontecer como se algo mágico estivesse acontecendo. E quando a divindade olhou em seus olhos, falou-lhe através de sua visão:

— Abençoado és tu, filho do Criador e senhor do Mistério das Sete Cruzes!

— Eu, abençoado? Não sou não. Fui punido por Deus, pois pequei, errei e falhei quando deveria redimir os pecadores, ensinar os ignorantes e ser um exemplo positivo a ser seguido por todos os cristãos. Sou indigno de Deus, minha senhora santificada.

— Deus não o puniu, assim como não pune nenhum de Seus filhos, meu filho. Você desequilibrou-se mental, racional e emocionalmente, e criou um magnetismo negativo em sua consciência que o afastou dos domínios positivos conduzindo-o aos negativos, por onde tem caminhado há mais de um século, meu filho.

— Um século? Faz tanto tempo assim que estou padecendo no inferno?

— Isto que você chama de inferno é só um nível vibratório, um plano apropriado, criado por Deus para recolher e amparar os seres desequilibrados emocional, racional e mentalmente, meu filho. O verdadeiro objetivo da Lei, ao reservar aquelas faixas, é amparar a todos os que não se encontram aptos a sustentarem-se nas faixas positivas.

— Acho que sei tão pouco sobre as verdades que me sinto atordoado diante de vós, santa divina! Peço seu perdão, e peço que intercedas por mim junto a Deus para que ele me perdoe. E quanto ao senhor Jesus Cristo, bem, transmita-lhe que sinto-me envergonhado e arrependido por ter cometido tantos pecados quando deveria de honrá-lo com o amor, a humildade e dedicação aos seus divinos ensinamentos.

— Não vai pedir perdão a Ele também, meu filho?

— Não sou digno do perdão Dele, minha santa senhora. Eu o usei para meu próprio benefício, e isto é imperdoável.

— Devia pedir o perdão a Ele, meu filho.

— Não. Eu sou indigno do perdão Dele, santa senhora. Fui punido e enviado ao inferno, e isto me basta, pois foi justa a punição; no inferno permanecerei para sempre.

— Ele não deseja isto a você, meu filho.

— Talvez. Mas sou indigno da luz e desejo viver na escuridão para sempre.

— Por quê?

— Atentei contra a vida, e sinto-me indigno dela.

— Mas você não jurou auxiliar a concepção?

— Sim, mas encontrarei um meio de cumprir meu juramento a partir das sombras.

— Será muito difícil fazer isto em um meio tão negativo quanto as trevas humanas. Certamente Deus facultará um meio em acordo com teu estado atual, onde auxiliarás a concepção, filho meu.

— Quem, com o devido respeito, sois vós, santa iluminada?

— Muitos foram os nomes que já recebi dos meus filhos humanizados, e com vários nomes a eles já me mostrei. Você ouviu do seu irmão Hassan que uma das atribuições daquele Trono é punir os que atentam contra a concepção da vida, não?

— Sim, ouvi isto, santa luminosa.

— Então para você, sou a Mãe da Concepção, filho meu, pois aquele trono é um dos meus que, mesmo distante dos meus domínios naturais, continua a servir a Lei Maior, dando sustentação aos espíritos que falharam nas coisas da vida.
— Aquele trono vos pertence?
— Sim, filho meu.
— Então por que está naquele lugar tão sombrio?
— É uma necessidade da Lei Maior, filho meu. Vou transmitir-lhe tudo numa fração de tempo. Depois confiarei a você uma missão em favor da vida.
— Sim, Senhora da Concepção.

Realmente, numa fração de segundo o mental divino dela transmitiu ao de Guido um fluxo de conhecimentos e informações, que quase o desequilibrou, tantas foram as coisas transmitidas por ela, a Senhora da Concepção.

— Meu Deus! — exclamou ele, admirado com o que acabara de absorver. A seguir perguntou:
— A senhora citou um trono das Sete Cruzes, não?
— O teu trono, filho meu. Basta adaptares ao trono das Sete Cruzes tudo o que te transmiti sobre o das Sete Pedras, que a mesma coisa se repete. A única diferença reside no fato de ele servir à Lei e à Fé, enquanto o das Sete Pedras serve à Lei e à Vida.
— Qual é a missão a ser realizada, Senhora da Concepção?
— Invisto-te da missão de recuperar todos os tronos do degrau celestial das Sete Pedras que estão espalhadas pelas esferas humanas, tanto nas negativas, como nas positivas, assim como no meio. A partir de agora, estás ungido por uma missão divina e a realizarás, pois estarás servindo à vida.
— O que faço, caso encontre resistências?
— Você se portará segundo as circunstâncias e agirá segundo sua consciência e compreensão de como a vida deva ser e fluir.
— Quando eu recuperar um, como farei para deslocá-lo até este lugar?
— Você não o trará para cá. Eu os quero reunidos na esfera mista, a espiritual e material. Lá uma de minhas filhas os receberá e os conduzirá aos seus devidos lugares. Ela já está ao seu lado para levá-lo até onde os entregará.

Guido olhou para sua direita e viu uma outra santa semelhante à que com ele falava, mas sentiu que ela era hierarquicamente inferior. Foi algo que um outro sentido, além da visão, mostrou-lhe.

Também se ajoelhou diante dela e pediu-lhe a bênção, sendo imediatamente abençoado. Mas antes de ser conduzido, a Senhora da Concepção perguntou-lhe:

— Desejas alguma coisa pelo bem que fizeste ao devolver-me minhas filhas, filho meu?

Caveiras realmente não têm olhos, mas Guido lacrimejou em abundância ao ouvir aquela pergunta. Só a muito custo conseguiu dizer isto:

— Sou um devedor da Lei e da Vida, da Fé e do Amor, da Razão e do Conhecimento; então, se algo tenho a pedir, é que me conceda o direito de reparar meus erros e redimir-me aos olhos de Deus.
— Isto já lhe concedi.
— Isto me basta, Senhora da Concepção.
— Nem sua imensa curiosidade de contemplar este lugar desejas satisfazes?
— Eu poderei alcançá-lo com minha visão, esteja eu onde vier a estar.
— Contemple-o, então, filho meu. Talvez encontre nele recursos muito importantes para cumprires tua missão.
— Fontes de energias que eu possa manipular mental e visualmente?
— Isso mesmo.
— Não, não. Já me bastam as que andei focalizando, e que passaram a existir em mim mesmo. Se eu continuar a absorvê-las logo serei o mais atormentado dos caídos nas trevas da ignorância.
— Não tens de absorver tudo o que tua visão captar, filho meu.
— O problema é que existem certas coisas que meus olhos não conseguem ver, mas que acabam sendo absorvidas com o que vejo.
— Toma, absorve estas gotas de luz através dos teus olhos e tua visão, opacicadas pelos teus desequilíbrios emocionais, será aperfeiçoada e purificada dos últimos "resíduos" de energias carnais humanas.

Guido viu algumas gotas multicoloridas dirigirem-se diretamente para seus "olhos" e, ao atingi-los, um fluxo multicolorido adentrou-lhe com tanta luminosidade que se sentiu cego momentaneamente. Mas assim que começou a recuperar a visão, a nitidez havia aumentado, assim como o alcance e a abrangência. Quanto à capacidade de ver as cores, bem, isto não adianta nem comentar, pois ele começou a ver cores até então nunca vistas, e tão lindas quanto as que ali enxergava até há pouco.

Mil vezes mais encantadora pareceu-lhe a Senhora da Concepção, cuja aura divina se tornou ilimitada, e chegava até onde seus olhos alcançavam, mas não terminava, pois se maior fosse seu poder visual, mais da irradiante aura dela ele veria. E isto o levou a exclamar:
— És infinita, Senhora da Concepção! Isto significa que és tão divina que não consigo abarcar teu poder irradiante, que parece chegar a todos os lugares e dimensões.
— Até onde a concepção acontece, meu poder irradiante chega, filho meu. Desejas mais alguma coisa desta tua mãe?
— Só servi-la, servi-la e servi-la, sagrada Senhora da Concepção.
— Então irás servir-me, servir-me e servir-me, filho meu. Segue com minha filha, que também é uma Senhora da Concepção, e transformarás estes teus desejos humanos em manifestação de vontades divinas.
— Sim, minha senhora.

Guido, antes de partir, ainda viu a "diluição" da Senhora da Concepção em luzes e cores, e mil sóis multicoloridos juntos não formariam um ponto luminoso e irradiante tão poderoso. Aquela visão o cegou mais uma vez, mas pouco a pouco foi recuperando a visão e passou a enxergá-la como um ponto luminoso e multicolorido que parecia estar muito distante dali.

Quando olhou para o lado, viu-se diante de um impressionante trono energético Celestial ocupado por aquela outra Senhora da Concepção que, assentada nele, sorria-lhe docemente, levando-o mais uma vez às lágrimas.

O trono ocupado por ela era encimado por uma tiara, ou algo parecido, formada por setenta e sete magníficas pedras, cada uma de uma cor, ligadas à coroa celestial que pairava um pouco acima da cabeça dela; coroa esta formada por sete pedras pentagonais, de um brilho e poder irradiantes impressionantes, mesmo à sua já apuradíssima visão.

À direita do trono dela haviam Tronos menores ocupados por outras Senhoras da Concepção, mais inferiores a ela, pois isto ele mais uma vez sentiu, assim como tinha lugares vazios naquela hierarquia celestial. Imediatamente lembrou-se do que lhe transmitira a Senhora da Concepção e murmurou:

— Os degraus humanizados!
— Isto mesmo, filho meu. Estás vendo aquele ali, sem os tronos?
— Sim, senhora.
— Aquele, irás resgatar para meu ponto de força com toda a tua dedicação e os poderes conferidos pela Senhora da Concepção. Ele é o degrau das Sete Pedras do Amor e da Vida.
— Como se chama o seu Trono Celestial, minha senhora?
— Os que o conhecem chamam-no de Trono Celestial das Sete Pedras Divinas, e é para onde trarás os tronos graus que recuperares. Meus filhos e filhas chamam-me de senhora Oxum das Sete Pedras.
— Se aquela mãe da concepção existe, então devem existir outras, certo?
— Isto mesmo, filho meu. Existem outras mães da concepção semelhantes, mas com outros atributos e atribuições. Existem mais seis para ser exata. E cada uma delas se multiplica por outras à direita e à esquerda, formando a hierarquia celestial da Sagrada e Divina Oxum, Senhora da Concepção da Vida.
— Minha mente está raciocionando numa rapidez impressionante, e lembranças sobre a concepção me chegam e me emocionam. Será que estou delirando, minha senhora?

Dos olhos da senhora Oxum das Sete Pedras, lágrimas multicoloridas correram enquanto ela dizia isto a Guido:

— Teu raciocínio, que já começa a perceber a verdade ocultada por traz das aparências, é correto, filho meu. Tua santa Maria, a virgem que concebeu o Cristo Jesus em seu santificado ventre carnal, é uma divina Mãe da Concepção. Só que ela se assenta num degrau da sagrada senhora Oxum das Fontes.

Ela cumpriu sua missão na carne e retornou ao seu trono Celestial, onde, assentada num trono regido pelo sagrado Oxalá, sustenta a concepção em todas as mães cristãs, ou até mesmo as que sentem nela um ser celestial e clamam pelo seu amparo.

— Mesmo que cristão não seja quem está clamando por ela?

— Isto mesmo, filho meu. Esta divisão dos seres celestiais, só se sustenta no plano material. A partir de um certo nível espiritual, todo o entendimento do que sejam as divindades vão perdendo suas bases humanas de sustentação e vão se aglomerando numa celestial hierarquia divina, pontificada pelo Senhor do Alto, do Meio e do Embaixo. Enfim, pelo Senhor de tudo e de todos, que você o denomina de Deus, nosso Senhor.

— Qual é o Trono Celestial em que a santa mãe do Cristo Jesus está assentada?

— Ela está assentada no terceiro degrau à direita do Trono Celestial da senhora Oxum das Fontes.

— Eu...

— Não posso conduzi-lo até ela, filho meu.

— Mas eu preciso vê-la, minha senhora.

— Ela o está vendo agora, assim como sempre o observou servo da Lei e da Fé.

— Ó meu Deus! — balbuciou Guido, para a seguir emitir um altíssimo e dolorido pranto de dor, remorso e arrependimento. Ele ainda disse isto: mil demônios me atormentaram, mil demônios alimentaram-se dos meus restos desumanos, mil demônios me fizeram sofrer muitas dores, mas nenhum deles conseguiu fazer-me sofrer tanto quanto estou sofrendo agora, meu Deus! Por que não sofri tanto quanto agora estou sofrendo, meu Deus? Por quê?

— Nenhuma dor é tão intensa quanto a dor que a vida sente quando alguém a atinge com a morte, filho meu — respondeu-lhe uma voz meiga, doce, abrasadora e envolvente.

Guido olhou em toda sua volta e, não vendo nenhuma santa, aos prantos perguntou:

— Virgem Santíssima!... é a senhora?...

— Sim, filho meu, sou tua mãe, a Virgem Santíssima a falar-te a partir do meu coração da vida, que é o Trono Celestial Divino assentado ao lado do Trono ocupado pelo teu senhor Jesus Cristo.

— Mãe santíssima, em nome de Deus, peça perdão ao Cristo Jesus por este pecador! Em nome de Deus, peças isto por mim a ele...

— Sinta-te perdoado, filho meu. Teus erros, falhas e pecados não se justificam, mas o meio onde reencarnaste e a falta de humanismo dos que te prepararam os justificam, filho meu. És um guardião da Lei e da Fé, que reencarnou para purificar a doutrina do teu celestial Senhor Jesus Cristo, que estava acobertando servos das trevas da ignorância humana. Se teu papado não te dignificou perante o teu Senhor, no entanto como guardião da Lei e da Fé, eu, tua Virgem Santíssima te justifico diante de Deus porque, mesmo sendo desumano, puniste com o rigor da Lei àqueles que realizavam sacrifícios de virgens aos senhores das trevas da ignorância, e que, num ritual blasfemo, após possuí-las bestialmente, diziam ter possuído a mim, a mãe do Cristo Jesus. Eu, como mãe do Coração do Amor de Cristo pelos homens, chorava minhas filhas sacrificadas e lamentava a ignorância dos filhos desequilibrados. Mas a lei tem seus meios e recursos, e os usou para eliminar nos domínios do cristianismo este rito profano e blasfemo. Nenhum erro, falha ou pecado diante de Deus encontra justificativa, ainda mais em um ser que simboliza a Igreja do Cristo feito homem para a remissão dos pecados. Mas Deus, que está em tudo e a todos alcança, a ti recorreu para que purificasses o meu Santificado Nome e minha imagem maculada com o sangue virginal de minhas filhas, sacrificadas nos altares dos adoradores da besta fera.

— Mãe santíssima, clame a Deus por mim! Peça a ele que me livre desse tormento que se apossou do meu depravado sexo! Eu quero morrer novamente se, para acalmá-lo, tiver que tocar novamente numa mulher. E este tormento me fará repetir em espírito um dos meus piores pecados na carne. Peça a ele que me parta em mil pedaços e me lance na dor das dores, mas não me puna desta forma.

— Não foi Deus quem te puniu, filho meu. Isto que se apossou do teu sexo foi arquitetado por mentes humanas, às quais combateste sem delas teres consciência. E numa busca de vingança, induziram-te a absorver este mistério negativo. Mas o teu Criador, que tudo Vê e tudo Sabe, e sabendo que fariam isto contigo, antes te tornou um portador natural do fogo da purificação.

— O que isto significa, Mãe Santíssima?

— O Criador não fez o homem macho e a mulher fêmea para separá-los, mas sim para unir naturezas e formas que se complementam para que gerem vidas, filho meu. Assim, se mentes humanas, deformadas pelo desejo de vingarem-se porque ordenaste como Sumo Pontífice que fossem queimados os profanadores da imagem santa da sua Santíssima Virgem Maria, induziram-te a absorver um vício, teu Criador antecipou-se e dotou-te de uma virtude mil vezes mais poderosa. Raciocina, medita e reflete, filho meu!

Aquela voz divina calou-se após abençoá-lo.

Guido continuou a soluçar, mas logo a senhora Oxum das Sete Pedras o chamou à razão dizendo-lhe:

— Só dominando teus remorsos, alcançarás o equilíbrio necessário ao bom raciocínio, meditação e reflexão, filho meu.

— Sim, senhora.

— Toma, segura estas sete pedras que vou depositar em tuas mãos. Depois, absorve-as através dos teus ossos que em fontes de poder elas se tornarão.

Assim que isto ele fez, ela falou:
— Segue com esta tua irmã até o lado negativo deste ponto de força e recolhe através de tua esquerda sete pedras de magnetismo e energias negativas. Aí estarás apto a cumprir tua missão, filho meu.

Guido olhou para a sua esquerda e viu uma "irmã", que não irradiava luz; e, completamente nua o olhava de alto a baixo, admirada com o que via: um espírito reduzido a uma caveira, mas ostentando um vigoroso sexo humano, que reagiu às vibrações de desejo irradiadas por ela e ficou excitado.

Mas ela recuou no instante seguinte, pois, e isto Guido não percebeu, aquele temido fogo da destruição ardeu em todo o seu sexo, fazendo ela exclamar:

— Exu Bab'iim!!!
— O quê? — perguntou Guido, dirigindo-se a ela.
— Você é Exu Bab'iim, não é?
— O quê é isto?
— Você não é Exu Bab'iim?
— O que isto significa, irmã?
— Exu do Mistério do Fogo do Sexo.
— Que fogo?
— Este aí embaixo, Exu Bab'iim!

Só então ele percebeu o que havia acontecido e que a assustara. Aí pediu:
— Fale-me desse tal Exu Bab'iim, irmã sem luz! Fale-me também por que você é assim.
— Assim como, Exu Bab'iim?
— Sem uma cor "humana", mas com um corpo feminino cujas formas se mostram perfeitas aos meus olhos e ativam além da minha resistência esta excitação tormentosa.
— Olha para mim, Exu Bab'iim! — ordenou a senhora Oxum das Sete Pedras.

Ele olhou, mas falou:
— Não sou Exu Bab'iim. Eu sou Guido, um Papa caído.
— Nos meus domínios, e servindo à Senhora da Concepção, Exu Bab'iim você será, filho meu. Olha nos meus olhos que numa fração de segundo absorverás todo o conhecimento sobre o mistério Exu Bab'iim e sobre as minhas filhas naturais que vivem e evoluem no lado negativo deste ponto de forças regido por mim, tua senhora Oxum das Sete Pedras.

No instante seguinte, Guido absorveu aquele fluxo de informações acerca de Exu Bab'iim e das filhas dela, que viviam e evoluíam no lado negativo daquele ponto de forças, levando-o a exclamar:
— Meu Deus! Que mistérios!
— Depois de absorveres as sete pedras negativas, retornarás até aqui para seres conduzido à dimensão X, onde serás ordenado como Exu Bab'iim.

Só depois disso estarás apto a servir à Senhora da Concepção, e o farás como esta minha filha o viu: Exu Bab'iim!

— Sim, senhora.

☙ ✝ ✝ ✝ ✝ ✝ ✝ ✝ ❧

Guido foi conduzido por aquela fêmea natural (que nunca havia encarnado, pois as que encarnaram são espirituais) até o lado negativo do ponto de forças regido pela senhora Oxum das Sete Pedras, e o que viu o impressionou: tantos degraus como havia no lado luminoso, ali também havia, e eram regidos por uma divindade cósmica cuja natureza negativa a tornava o oposto da divindade do lado positivo, pois esta irradiava e aquela absorvia todo tipo de energias que ali chegavam.

Ela foi logo dizendo:

— Aproxime-se, Exu Bab'iim!

— Sim, senhora. Eu vim...

— Eu sei para que vieste, Exu Bab'iim. Mas só te darei o que precisas se humanizar minhas filhas.

— Humanizá-las? Eu sou o mais desumano dos espíritos, senhora!

— Mas conheceste o prazer da comunhão dos corpos de naturezas opostas e formações complementares.

— O prazer do sexo, é isto?

— Exatamente. E terás de humanizar minhas filhas para que eu possa enviá-las ao meio humano, onde sou solicitada para auxiliar na concepção. E só conhecendo este lado humano da concepção, minhas filhas naturais estarão aptas a auxiliarem minhas filhas espirituais, encarnadas ou já desencarnadas.

— Eu... isto que me exiges, eu...

— Você não é Exu Bab'iim?

— Ainda vou ser... depois de fazer alguma coisa numa tal de dimensão X.

— Então você já é Exu, só está lhe faltando tornar-se Bab'iim. Mas isto conseguirá também.

— O que tenho de fazer para a senhora?

— Assumirás tantas filhas minhas quanto teu Bab'iim estiver apto a humanizar. A partir daí as confiarei a você até que estejam totalmente humanizadas.

— Está certo...

— Eu sabia que as assumirias! Um Exu não recusa um presente dessa natureza. Estende tuas mãos que vou depositar nelas as sete pedras negativas. Depois, absorve-as com tua esquerda que os mistérios delas estarão em você também, servo da concepção.

— Sim, senhora.

Guido estendeu suas "mãos" e, no instante seguinte, já havia absorvido aquelas sete pedras que eram um mistério em si mesmas; e através de um fluxo verbal que lhe assomou a mente, conheceu os seus mistérios. Então a divindade negativa lhe perguntou:

— Deseja mais alguma coisa, Exu Bab'iim?
— Não, senhora. Desejar aqui é meio arriscado.
— Por quê? Não gostou do presente que te dei?
— Não é isso, minha senhora. É que apenas desejei uma de suas filhas, e acho que vou receber uma porção... e tornar-me responsável pela humanização delas.
— Um dos mistérios da concepção é o desejo, Exu Bab'iim. Sem o desejo, a concepção não se realiza.
— É, acho que é isso mesmo.
— Lembras do trono ocupado por uma filha espiritual que transmitiu a essência do desejo ao Exu Bab'moosh?
— Quem é o Exu Bab'moosh?
— Teu irmão Hassan.
— Claro... como me esquecer de Hassan?
— Eu quero aquele Trono de volta ao sétimo degrau do meu trono, Exu Bab'iim.
— Que degrau é este, minha senhora?
— O Trono dos Desejos. Quero-o de volta... e ocupado por uma de minhas filhas.
— Puxa, estou assumindo tantas missões e deveres que vou ter de me desdobrar para cumpri-los.
— Melhor assim, Exu Bab'iim. Pois não terás tempo para ficar impingindo a Deus os castigos que a ti mesmo impuseste. Ele não pune ninguém, sabias?
— Não.
— Cada um se pune de acordo com o magnetismo que forma para si mesmo, a partir da vivenciação de sentimentos contrários à lei e à vida, à fé e ao amor, à razão e ao saber, à...
— Sim, senhora. Não vou mais impingir a Deus minha queda consciencial.

Ao ouvir aquilo, ela falou toda sorridente:
— Alegrou-me, Exu Bab'iim. Vou acrescentar outro presente ao que já te dei.
— Que presente é este outro, minha senhora?
— Outro tanto de filhas minhas iguais às do primeiro presente, oras!
— Outro tanto de filhas suas a serem humanizadas?
— Achas pouco, Exu Bab'iim?
— De jeito nenhum, minha senhora. Sinto-me honrado com sua confiança em mim e gratificado com tão belos presentes.
— Eu tinha certeza de que o alegraria, Exu Bab'iim! Vá buscar seu símbolo de poder na dimensão X e depois retorne aqui para recolher minhas filhas, que já vibram e esperam que sejas portador de um poderoso Bab'iim.

— Por quê?
— Quanto mais poderoso for teu Bab'iim, tantos maiores serão teus presentes. E assim sendo, um maior número de filhas minhas levarás contigo para atuares como sustentador da concepção.
— Um Bab'iim poderoso... é isso, não?
— Isto mesmo, Exu. Agora vai, e não te demores muito.
— Sim, senhora.

ॐ ✝✝✝✝✝✝✝ ॐ

Guido foi levado até o lado positivo, e uma surpresa o aguardava: a senhora Oxum das Sete Pedras, sorrindo e irradiando alegria em todos os sentidos abençoou-o por ter aceitado humanizar tantas filhas dela num estágio evolutivo ainda negativo. E falou:
— Exu Bab'iim, para cada uma delas que humanizares e a mim devolveres, uma pedra correspondente receberás.
— O que isto significa, minha senhora?
— Com o tempo saberás. Agora acompanha este teu irmão natural, pois ele te conduzirá à dimensão X, onde serás ungido com o grau de Bab'iim, e depois retorne até aqui que serás apresentado à "encantada" que me serve junto às minhas filhas encarnadas.
— Sim, senhora.

ॐ ✝✝✝✝✝✝✝ ॐ

Guido olhou para o lado esquerdo e viu o seu irmão natural: ele possuía corpo e feições humanas. Mas não possuía cabelos ou pelos, e suas orelhas eram pontiagudas, diferentes das orelhas humanas. E também não possuía cor, pois sua "pele" era cinzenta.
No instante seguinte, ele estava diante de uma divindade cósmica que o impressionou muito, pois sentada num trono sem cor, mas "monumental", segurava um cetro cujo formato assemelhava-se a um falo.
— Eu já o esperava, Exu humano. Recebe de minhas mãos teu cetro de poder e nele todo o teu Bab'iim refletirá imediatamente.
Guido pegou com as mãos aquele enorme símbolo fálico e imediatamente o inimaginável aconteceu: aquele cetro começou a arder em chamas.
— Eis aí teu Bab'iim verdadeiro, Exu. És um poderoso Exu Bab'iim.
— Sou?
— Podes direcioná-lo para onde quiseres, Exu.
— Como assim?
— Se o direcionares para o alto, atrairás quem estiver acima de ti, na tua hierarquia, é claro. Para a esquerda, atrairás quem estiver nela; na direita, quem estiver na tua direita será atraído. Assim, atrairás quem estiver na tua

frente. E se não quiseres atrair a ninguém, curva-o na posição de repouso. Olha como faço com o meu e aí entenderás.

Após ver, Guido perguntou:

— O senhor havia apontado-o para mim?

— Sim.

— Por quê?

— Desde que você fecundou uma mulher e a obrigou a abortar, meu Bab'iim começou a apontar para você... e a atraí-lo. Mas antes que meu servo, o Exu Bab'moosh, executasse-o, você jurou amparar a concepção. Não foi?

— Foi sim.

— Então trocaste uma punição que o lançaria na dor das dores por uma missão que te tornará um amparador do amor dos amores do Criador.

— O amor dos amores do Criador é o filho gerado?

— Isto mesmo. Toda criatura é um amor do Criador. E da união de dois amores que se completam, um terceiro amor é gerado. Tua missão é divina, Exu Bab'iim. Nunca a negues ou renegues senão estarás negando ao Criador e renegando à vida. Entendido?

— Sim, senhor.

— Então vou confiar-lhe uma missão, Exu Bab'iim.

— Qual é ela, meu senhor?

— Recolherás um Trono da Fertilidade caído nas trevas da ignorância humana, que cultuaram a divindade da fertilidade como se fosse um deus do prazer, e em seus ritos profanos ousaram sacrificar virgens humanas para banharem com o sangue delas os totens fálicos que construíram, pensando que assim estavam consagrando-o a mim, a divindade natural responsável pela fertilidade masculina que fecunda e gera novas vidas.

— Sim, senhor. Mas onde encontrarei tal trono?

— Este seu cetro de poder, quando lançar-se na recuperação dele, indicará onde ele está. Recupere-o e traze-o de volta ao lugar dele ao meu lado, e então, depositarás sobre ele este teu Bab'iim Simbólico, e num mistério da concepção da vida se tornarás em si mesmo.

— Sim, senhor. É só isso?

— És um verdadeiro Exu Bab'iim, servo da Lei e da Fé, do Amor e da Vida, da Razão e do Saber. Só um verdadeiro Exu ainda pergunta se é só isto o que desejam dele após receber tantas missões das divindades regentes.

— É, acho que sou mesmo. Sinto que há um vulcão prestes a explodir na raiz desse meu Bab'iim humanizado.

— Transfere um pouco das energias já acumuladas nele para teu cetro simbólico e assim sentirás um alívio nele até que possas irradiá-las naturalmente.

— Como faço isto?

— Toca teu Bab'iim humanizado com a ponta do cetro simbólico que a transferência acontecerá. Mas segura-o com a mão esquerda quando quiseres fazer isso, pois com a direita ele se tornará irradiador.

— Que mistérios existem nesse Bab'iim Simbólico, meu senhor?

— Fixa teus olhos no meu Bab'iim Simbólico e os absorverás numa fração de segundos, Exu Bab'iim.

Guido fixou sua visão no Bab'iim Simbólico do senhor do mistério cósmico da fertilidade, e tudo viu num piscar de olhos. Aí exclamou:

— Então é isto!?

— É sim, Exu Bab'iim. Encontrarás muitos outros Bab's, mas só você é Bab'iim. Com o tempo, formarás tua legião de Ar'iim, que te servirão fielmente.

— Ar'iim? O que isto significa?

— Servos do teu Bab'iim... do teu mistério. Entendes?

— Sim, senhor.

— Retorne até o ponto de força regido pela tua Senhora, e serve submissamente à serva dela ou voltarei a apontar meu Bab'iim na tua direção. E aí...

— Sim?!

— Uma segunda oportunidade não terás, mesmo que jures que irás salvar toda humanidade.

— Sim, senhor — respondeu Guido, num sussurro quase inaudível, pois viu, nos olhos daquele Senhor, a si mesmo, e sendo partido em tantos pedaços que no final tornava-se em poeira.

Caveiras não devem ter garganta, mas que Guido engoliu um nó goela abaixo, isto ele engoliu!

✿✝✝✝✝✝✝✿

No instante seguinte, já estava diante do trono Celestial das Sete Pedras. E ao seu lado uma voz feminina ordenou:

— Exu, estás à minha esquerda e aí te assentarás. Mas nunca apontes nenhum dos teus dois Bab'iim para mim, senão destruirei os dois com o fio de minha lâmina encantada ancestral simbolizadora do meu mistério.

— Meu Deus!, isto não tem mais fim? Já venho assumindo todos os compromissos que me vão sendo colocados... e ainda sou ameaçado?

— Volta teu rosto para mim, Exu! — ordenou aquela voz feminina.

Quando ele o fez, viu uma irmã natural de uma beleza e formosura encantadoras. Então ela ordenou:

— Exu Bab'iim, só ficarás na minha frente, caso eu o chame, curvado e com teus olhos voltados para os meus pés. Estás proibido de fixar teus olhos em outro lugar senão nos meus pés. E se ousares olhar sequer minhas pernas, separarei teu crânio do resto do teu esqueleto com um só golpe de minha espada. Curve-se na minha frente agora, Exu Bab'iim. E não te esqueças de estar com teus dois Bab'iim voltados para o solo, em sinal de submissão e respeito a mim, sua Senhora e senhora do seu impuro destino humano, que ousei colocar junto ao meu para melhor cumprires o seu juramento para com a Senhora da Concepção.

— Sim, minha senhora! — respondeu Guido, já se curvando e abaixando-se até ficar com a testa colada ao solo, sem ver nada.

— Eleva tua cabeça até teus olhos focarem meus pés, Exu Bab'iim! — ordenou aquela senhora autoritária.

Quando ele isto fez, viu diante de si dois delicados pés femininos de cor dourada que brilhavam intensamente. Aí ela falou:

— Eu sou a senhora Oxum da Lei, ouviste?

— Sim, senhora.

— Eu sou tua senhora e senhora do teu destino de agora em diante. E assim será até que o Senhor da Lei e da Vida assim queira. Mas, assim que ele desejar que não seja, assim não mais será. Mas até que isto aconteça, ouve-me e obedece-me para teu próprio bem, Exu Bab'iim.

— Sim, minha senhora Oxum da Lei.

— Agora vai até o lado negativo deste ponto de forças e recolhe todas as minhas filhas naturais que teu Bab'iim já assumiu e dirija-se para onde tua senhora, no lado negativo deste ponto de forças, ordena-te. Nunca dirigirás sua palavra ou pensamentos indagativos a mim, mas sempre que isto desejares fazer, a ela se dirigirás. Entendido?

— Sim, minha senhora.

— Vai agora, Exu Bab'iim!

No instante seguinte, já diante da senhora do lado negativo, Guido ouviu-a exclamar:

— Exu, que maravilha!!!

— Por que esta admiração, minha senhora?

— Oras, seu Bab'iim Simbólico é muito mais poderoso que eu imaginei ou que aos meus olhos você mostrou!

— É, ele é grande, não?

— Isto é que é um Bab'iim Simbólico poderoso! Estou muito feliz por seres portador de um Bab'iim tão poderoso.

— Permite-me uma pergunta?

— Faça-a.

— Por que tudo vinha correndo às mil maravilhas até eu ganhar este Bab'iim, e depois tudo se tornou difícil e ameaçador?

— Você agora é portador de um mistério natural, Exu. És um encantado!

— Por que pude contemplar a Senhora da Concepção e suas hierarquias entronadas e fui proibido de olhar para aquela a quem irei servir?

— Ela também é uma encantada, Exu. Se você olhar para ela, num tormento à sua visão ela se tornará. E se você apontar para ela um dos seus dois Bab'iim, num tormento para a visão dela você se tornará. São portadores de mistérios opostos que, se confrontados, um transforma-se no tormento do outro. Entende?

— Sim, senhora.

— Por que ela fala comigo e eu não posso dirigir-me a ela?

— Ela é a cabeça, ela é ori-shá. Quanto a você é Exu, que é pé, que é quem corre e gira pelos caminhos. E é Bab'iim, mistério que percorre os caminhos dos desejos da concepção.

— Que caminhos são estes?

— Olhe para meu "Bab" e tudo saberá, Exu!

Guido olhou... e num piscar de olhos conheceu todos os caminhos do desejo da concepção. Mas também algo ocorreu: Guido sentiu que ou fazia algo ou explodiria.

Então o tocou com seu Bab'iim Simbólico e um fluxo fluiu para ele, aliviando-o e provocando uma sensação de relaxamento até agradável.

Aquela divindade então falou:

— Olhe para trás e veja quantas de minhas filhas naturais seu Bab'iim atraiu naturalmente, Exu!

Guido olhou e espantou-se. Ali havia alguns milhares de fêmeas naturais, todas sorridentes e felizes, que olhavam para seus dois Bab'iim com tanto desejo que os olhos delas, que eram opacos, haviam adquirido um certo brilho.

— Humanize-as, Exu! — ordenou-lhe a senhora do lado negativo do ponto de forças das Sete Pedras.

— Como? Por onde devo começar?

— Nunca proporcione a elas o que elas não desejarem. Mas não lhes negando o que desejarem, já estará humanizando-as.

— Nunca obrigando ou negando nada. Certo?

— Sim.

— E isto significa que, porque vejo nos olhos dela um intenso desejo por este meu Bab'iim, ...

— Deve começar por aí a humanização delas, Exu.

— Preciso refletir sobre isso, minha senhora.

— Exu não reflete sobre nada. Exu é o que é: Exu! E Exu é ação, é movimento, é emoção. Logo, emocione-se, mova-se e entre em ação ou deixará de ser o senhor das iniciativas ousadas, que só Exu é capaz de tomar, pois não reflete sobre nada, e nunca para para pensar no que fez senão depois de tudo já ter feito. Entende isso, Exu Bab'iim?

— Sim, senhora do trono dos Desejos!

Bem, Guido, ali mesmo, fez o que só um Exu ousaria fazer. E irradiou com seu Babim na direção delas. Mas, como ainda não possuía controle sobre esse poder, deformou-as em vez de ajudá-las

Meio abestalhado, olhou para a carrancuda senhora do lado negativo do ponto de forças das Sete Pedras e perguntou:

— O que aconteceu comigo? Só fiz o que ordena, minha senhora!

— Estúpido. Só não o puno agora mesmo, pois este privilégio só é concedido à guardiã encantada do trono das Sete Pedras. Mas espero que este seu acúmulo de energias sexuais negativas lhe pese tanto que tenha de se demorar uma eternidade até descarregá-lo, Exu Bab'iim!

— Mas só fiz o que tinha de fazer.

— Imbecil! Olhe o estado de suas auxiliares encantadas, e diga-me se deu a elas o que elas desejavam, Exu desumanizador!

Guido olhou, já mais calmo, para o lugar onde elas se encontravam, e o que viu o deixou horrorizado: estendidas no solo, todas elas gemiam de dor, e de seus sexos corria um líquido escuro, tal como um dia do dele havia corrido depois de ter sido possuído com fúria por aquelas criaturas meio mulheres meio cobras.

— Por quê?

— Você, em sua fúria sexual, deformou os sexos delas, em vez de conduzi-las humanamente ao êxtase. Como o mais furioso dos demônios humanos, você as lançou no tormento da dor. Que imbecil!

— Mas eu só as irradiei com meu Babiim... se bem que um tanto empolgado.

— Você emocionalizou-se em todos os sentidos, idiota. Devia ter emocionalizado só seu sétimo sentido, pois assim elas usufruiriam em harmonia do prazer que ansiavam vivenciar, Exu Bab'iim. Teria bastado escolher uma e irradiá-la... humanamente... que todas seriam alcançadas pelo seu mistério e teriam conhecido o prazer sexual que só um ser humano pode lhes proporcionar.

— Estás dizendo que irradiando uma, todas estariam sendo alcançadas?

— Sim.

— E o prazer que a que estivesse sendo possuída sentisse todas as outras sentiriam?

— Sim.

— Meu Deus, tudo o que faço dá errado.

— És um estúpido, Exu Bab'iim. Serás motivo de zombaria para todos os outros Exus.

— Que aconteceu com meu Bab'iim? Ele está prestes a explodir!

— Ele não explodirá. Apenas acumularás nele todas as energias que elas gerarão a partir das vibrações de dor que estão sentindo. Recorre à tua poderosa visão, Exu! Verás que existem cordões que ligam o sétimo sentido delas ao teu, por Bab'iim.

— O quê?
— Olha, Exu! — ordenou ela, furiosa.

Guido olhou e, admirado, notou que realmente existiam cordões, e através deles fluíam energias escuras geradas pela dor que elas vibravam.

— Por que isto é assim, minha senhora?

— Na natureza, cada um é responsável pelos seus atos, Exu. E tudo o que realiza, recebe de volta. Esta é a verdadeira lei, não as humanas, cheias de imperfeições. Todas as ações positivas geram vibrações luminosas que retornam ao realizador das ações. O mesmo acontece com as ações negativas, pois o retorno é imediato. Aqui, nos reinos naturais, não existem cobranças posteriores, Exu! Você fica sabendo no mesmo instante em que a ação acontecer, se foi positiva ou negativa. E não adianta fugir, pois onde você estiver, as vibrações das dores delas chegarão ao seu Bab'iim perverso e pervertido.

— Que horror! Mais uma vez fiz o mal ao sexo oposto.

— Acho que é sua sina, Exu. Você falhou como mistério religioso cristão, pois o papado é um mistério religioso, e na sua primeira ação a serviço da concepção já espalhou a dor em filhas minhas que jamais haviam conhecido este sentimento humano tão deformador dos órgãos dos sentidos.

— É, acho que sou indigno mesmo de ser um Exu Bab'iim. Desumanizei-me na carne, e agora sou a própria desumanização em mim mesmo. Por que, meu Deus? Por que não sou explodido em mil pedaços de uma vez por todas? Eu não sabia disso, meu Deus! Eu possuí com um mistério estas infelizes mais de uma centena de vezes seguidas! Que horror! Deus meu, tudo fiz por ignorar isto, meu Senhor! Puna-me retirando toda a dor que elas sentem e a concentre neste meu mistério para que nunca mais eu venha a esquecer-me do que sou: uma besta desumana, meu senhor!

No instante em que falou aquilo, Guido emitiu um horrível grito de dor e tombou ao solo. A dor que se concentrou no seu Bab'iim foi tanta que das órbitas ocas de seu crânio onde olhos humanos já não existiam, lágrimas escuras esguicharam como de uma fonte de água.

Ali, caído e a verter lágrimas de dor, ele permaneceu por muito tempo. E só interrompeu o pranto quando a senhora do trono das Sete Pedras Cósmicas ordenou-lhe:

— Recolhe tua dor e tuas lágrimas, Exu Bab'iim!
— O quê? — perguntou ele num gemido.
— Tua senhora na luz tem um trabalho para você; tens de ir... e realizá-lo positivamente, senão sentirás o fio da lâmina dela nos teus ossos, pois duas falhas consecutivas a lei não permite.
— Sim, senhora.

Guido, pouco a pouco, foi recolhendo suas lágrimas e dores, e, quando conseguiu, pôs-se de pé.

Então com a voz rouca dirigiu-se às suas auxiliares:

— Eu agi como o mais desumano dos machos humanos e as lancei na dor, além de ter deformado seus sexos. Mas prometo que tudo farei para reparar este erro imperdoável. Nunca mais jurarei por nada ou ninguém, hábito que adquiri na carne. Mas prometo entregá-las tão humanizadas à senhora da concepção, que estarão irreconhecíveis.

Vocês conheceram em mim a devassidão dos desejos humanos e creio que nunca mais desejarão sentir o prazer sexual. Mas lhes proporcionarei tantos outros tipos de prazeres que este não fará falta ao humanismo que adquirirão auxiliando-me. Sigam-me... esperem... vou cobrir seus corpos com uma veste que ocultará a deformação que agora existe neles.

Guido fixou sua visão no infinito e com sua mente plasmou um vestido para cada uma delas, que ocultou as deformações tão visíveis nos, até há pouco, corpos perfeitos que elas possuíam.

Depois plasmou uma longa veste para si, que só deixava visível suas mãos cadavéricas, seu rosto-caveira e seus pés esqueléticos.

A dor que sentia o deixava sem condições de falar naturalmente. Por isto, com a voz rouca, ordenou:

— Sigam-me. Já sei o que devemos realizar em nossa primeira missão no meio humano!

☙ ✞✞✞✞✞✞✞ ❧

No instante seguinte, Guido estava curvado diante da senhora Oxum da Lei, que ordenou-lhe com rispidez:

— Não olhes nem para os meus pés, Exu. Perdeste todo o direito de olhar para a luz da Sua Senhora. E nem para meus pés, de agora em diante, olharás.

— Sim, senhora.

— Já sabes o que terás de fazer?

— Sim, senhora.

— Então vai... e se falhar, faça como teu desumano irmão Hassan, que se refugiou nas trevas humanas para fugir do fio de minha espada da Lei. Mas um dia destes ela o alcançará e aí será reduzido em mil pedaços.

Guido ia perguntar o que Hassan havia feito de errado, mas como lembrou-se de que não podia dirigir a palavra a ela, calou-se e foi realizar sua primeira missão junto aos encarnados.

No instante seguinte estava diante de um negro que acabara de realizar uma oferenda junto a uma pedreira em homenagem à senhora Oxum das Sete Pedras.

Tudo o que ele havia pedido a ela, ele ouvira e sabia o que teria de fazer.

O negro, um sarcedote, havia pedido a ela ajuda para acabar com o rapto de crianças na aldeia. Uns vinte já haviam ocorrido, e ele, como "feiticeiro" da tribo, tentava estancar o desaparecimento das crianças.

Guido, com sua poderosa visão, procurou algum ponto de referência. E quando o achou, seguiu-o indo localizar algumas crianças numa aldeia muito distante dali, e pertencente à outra etnia.

No instante seguinte já estava ao lado de um outro feiticeiro, todo cercado por criaturas assustadoras que o protegiam.

Guido deveria ter se intimidado, mas ao ver o que aquele verme fazia com os meninos raptados, uma fúria possuiu-o, e, com a voz rouca, perguntou:

— Bestas humanas, quem lhes falou que testículos de garotos virgens servem para o que este idiota vem fazendo?

— A nossa senhora exige-os, caveira-humana. Suma daqui ou o atacaremos.

— Quem é a vossa senhora, cães imundos?

— Isto não lhe interessa. — respondeu uma daquelas criaturas, apontando para Guido um desconhecido instrumento de luta.

Com sua visão, num instante descobriu o mistério daquelas armas e como inutilizá-las. Recuou mais um pouco e dali foi à senhora deles, assentada num trono encimado por uma pedra negra.

— Um dos Tronos! — exclamou.

— Sim, é um deles, meu senhor — respondeu uma das suas auxiliares naturais, postada à sua direita.

— Vamos recuperá-lo, punir aquele canalha, este verme humano que anda receitando a mulheres inférteis testículos de garotos virgens. Que loucura, irmã!

— Por que os humanos são assim? Por que não aceitam passivamente suas deficiências carnais, meu senhor?

— Não sei ao certo. Mas creio que a insatisfação dos humanos consigo mesmos os tornam suscetíveis de acreditarem em tudo.

— A insatisfação humana é isto que estamos sentindo, meu senhor?

— Sim, irmã. Eu deveria tê-las conduzido humanamente ao êxtase, mas as conduzi à dor. Isto as deixou insatisfeita e, com certeza, tentarão curar seu sétimo sentido, agora ferido e deformado. Mas saibam que só eu e ninguém mais conseguirá curá-las. Nunca tentem encontrar a cura com mais ninguém ou com coisa alguma além desse meu Bab'iim, pois só aumentarão sua insatisfação e voltarão a sentir dores, pois feri seus sexos. Confiem em mim, pois descobrirei como curá-las, reequilibrá-las, torná-las novamente formosas. Confiem em mim, irmãs!

— Nós confiamos no senhor, Exu Bab'iim. Nós vimos como corrigiu parte do seu erro ao anular em nós a dor que sentíamos e absorvê-la em seu Bab'iim.

— Vocês estão proibidas de recorrerem a quem quer que seja para curarem-se da deficiência que se instalou nesse vosso sentido.

— Assim ordenas e assim será, senhor nosso.

— Ótimo. Vou reparar este e todos os erros que num ser desumano me tornaram. Por isso, vou armá-las com uma espada que sei plasmar e as dotarei com o fogo da purificação, pois vamos descer a uma esfera muito desumanizada e não quero vê-las em perigo.

Guido focalizou sua visão no infinito e no instante seguinte já pendia na cintura delas uma longa espada igual à usada pelos soldados-caveiras de seu tio Giuseppe. Então ordenou:

— Saquem vossas espadas com a mão direita, irmãs!

Quando sacaram, viram lâminas incandescentes. Então ordenou que passassem a espada para a mão esquerda, e elas tornaram-se absorvedoras de energias negativas.

— Viram como elas funcionam, irmãs?

— Sim, senhor Exu Bab'iim. És o mais poderoso dos Exus. Só está lhe faltando o respectivo equilíbrio para ser reconhecido como tal.

— Ótimo. Agora vou refletir e ver qual será o nosso procedimento, certo?

Guido focalizou o trono ocupado pela senhora daqueles espíritos caídos, e quando tudo viu nele, falou:

— Não vamos destruí-la ou reduzi-la à sua dor final. Antes vamos tentar obrigá-la a desocupar aquele trono e a assumir todos os seus erros, falhas e pecados.

— Estás se mostrando sábio, Exu Bab'iim, falou uma de suas auxiliares.

— Nem tanto, irmã. Lançá-la em sua dor final não a ajudará a reparar todos os erros que ela já cometeu e nem ajudará à Lei Maior. Mas antes de irmos até ela, plasmarei armas iguais às usadas pelos servos dela, e armarei vocês, pois poderão precisar de armas tão poderosas no futuro.

Pouco depois todas as auxiliares de Guido o seguiam portando duas armas poderosas: as espadas na cintura e aquela outra na mão direita, já alimentadas com o fogo da destruição ardendo nelas.

No instante seguinte, ele surgia diante do colossal trono da Pedra Negra, acompanhado de sua legião armada, que o cercou.

— Quem é você, caveira da morte? — perguntou a poderosa senhora daquele trono caído nas trevas humanas.

— Sou o que acabas de chamar-me, irmã caída. A morte enviou-me para devolvê-la à vida... se possível com vida e consciente de que ainda há tempo de reparares seus erros, falhas e pecados cometidos devido à ignorância humana que assoberbou-a em todos os sentidos.

— Muitos já tentaram destronar-me, caveira da morte.

— Eu não vim destroná-la. Para tanto eu não precisava ter descido até aqui.

— Não?!

— Não mesmo. Eu poderia ter voltado o poder deste trono contra ti e agora estaria agonizando na tua dor final. Aconselho-te a não fazer o que estás pensando, pois se ativares algum dos mistérios desse Trono, serás fulminada.

— Eu... fulminada?

— Isso mesmo. Voltarei todos os mistérios dele contra você. Queres provar se digo a verdade?

— Vejo nos seus olhos que dizes a verdade.

— Estou sim. Mas não quero destruir-te e, portanto, não temas, pois te ofereço uma oportunidade de servires à Lei, à Vida e à Fé.

— O que entendes da Fé, caveira da morte?

— Muito pouco do lado positivo dela. Mas das coisas negativas, e que tenciono nunca mais repetir, acho que entendo muito. Vamos, desce desse trono, pois vou assumi-lo e reconduzi-lo ao seu lugar de origem junto às hierarquias de minha Senhora.

— Quem é a tua senhora, caveira da morte?

— A senhora Oxum.

— Qual delas?

— A senhora Oxum das Sete Pedras me rege e a senhora Oxum da Lei me comanda.

— Elas te enviaram para executar-me?

— Não.

— Então por que vieste até aqui se não fui condenada por elas... ainda?

— Eu fui enviado para acabar com o rapto de crianças que seu escravo na carne está realizando. Mas cheguei a você, a mentora do mal que realiza. E achei que ainda é tempo para retornares à Lei e à Vida. E, caso queira, te auxiliarei e te ampararei até que possas redimir-se diante do Criador.

— Elas me executarão, caveira da morte.

— Eu não sou teu executor, irmã. Estou apenas oferecendo uma oportunidade única.

— Ousas assumir o destino de uma natural caída, caveira?

— Você não passou pela encarnação, irmã?

— Não.

— Por que caíste?

— Eu servia ao senhor Exu Bab'moosh. Mas meu ódio aos machos humanos me desequilibra e, de queda em queda, aqui vim parar.

— Por que começou a odiá-los, irmã?

— São cruéis, perversos e destruidores.

— Foi o Exu Bab'moosh que te obrigou a conviver com os machos humanos?

— Não.

— Então...?

— Eu comecei observá-los e fui possuída por um mistério negativo que tem me atormentado muito e só cessa quando absorvo as energias vitais armazenadas nos sexos dos machos infantis. São energias puras que neutralizam por algum tempo as que estão acumuladas em meu sétimo sentido.

— Entendo. Mas acho que posso curá-la desse tormento e devolver o equilíbrio ao seu sétimo sentido. Depois assumo seu destino e o coloco à esquerda do meu até que à minha direita ele venha naturalmente. Aí, a reconduzirei aos domínios da senhora Oxum da Lei, que o assumirá, pois a ela serviras.

— Ela, assim que eu descer desse trono, irá me fulminar com aquela espada encantada.

— Se eu, só com minha mente e visão posso fulminar-te, então ela, caso isso desejasse, já teria te fulminado há muito tempo.

— Tens certeza?

— Acredito que você, mesmo em total desequilíbrio, está servindo à Lei Maior. Logo, confia em mim e deixa-me ajudá-la, por favor.

— Pedes por favor, caveira da morte?

— Mais que isso eu peço, irmã. Imploro que permitas que a liberte do tormento que a possuiu.

— Eu não acredito no que acabas de dizer. Só desejas apossar-se desse trono, e nada mais.

— Bem, se você insistir em continuar assentada aí, vou ser rigoroso e aí...

— Eu o lançarei na sua dor final, caveira da morte. Este trono é muito superior aos teus poderes.

— Ele sim, mas você não. E isto é o que conta. Olha isso e saberás que estou dizendo a verdade.

Só então Guido mostrou-lhe seu Bab'iim Simbólico, arrancando uma exclamação. Ele, então, falou:

— Vou até aquele infeliz que tem agido desumanamente... e te espero lá até a meia-noite. Depois disso, tudo o que acontecer já será tua responsabilidade.

— Espera..! você é...

— Sou Exu Bab'iim. E já liguei este meu cetro simbólico à tua Dab'iim Simbólica. Ou desocuparás este Trono ou a lançarei num tormento indescritível, irmã. A escolha é sua. Opta!

— Estás me escravizando, Exu Bab'iim!

— Para você, o melhor é ser minha escrava que escrava do ódio que a possuiu, e que tem afastado-a cada vez mais das suas origens, irmã. Até à meia-noite, poderás entregar-se. Depois, te possuirei.

Guido retornou ao meio natural humano e fixou sua visão no feiticeiro, vendo tudo o que lhe interessava. Então começou a atuar sobre ele, que assustou-se ao captar a presença ameaçadora de um Exu.

Mas a atuação foi tão poderosa, que Guido o adormeceu e retirou-o do corpo físico. Após conversar demoradamente, devolveu-o ao corpo e o despertou com um grito: acorda, escravo!

Com o coração em disparada, o feiticeiro chamou seus auxiliares e contou o que havia acontecido:

— Exu Bab'iim possuiu-me e exige meu corpo ou minha vida.

— Por quê?

— Ele me disse que estou fazendo tudo errado, mas que se eu servi-lo, irá ensinar-me a fertilizar as mulheres da aldeia.

— Tudo o que o senhor tem feito realmente não tem dado certo.

— Devolvam os meninos às suas aldeias de origem senão Exu Bab'iim virá à meia-noite e levará meu espírito com ele. Assim como o de vocês.

— Não!!!

— Exu Bab'iim está furioso, pois temos sido enganados por uma alma penada que se alimenta das oferendas que temos feito.

— Vamos devolver os meninos imediatamente. Para Exu não se diz não. Eu estou vendo-o neste momento, e simboliza a morte, falou um dos homens ali presente.

— Como é ele?

— Eu o vejo como uma caveira portando um símbolo da fertilidade.

— Então não sonhei. É Exu Bab'iim mesmo, pois foi assim que o vi.

— M'golo, ele está mostrando que você deve providenciar um símbolo igual ao dele e consagrar-lhe, que te dará muito poder.

— Verdade?

— Sim.

— Ele quer um Bab'iim de marfim de elefante, M'golo!

— Por quê?

— Ele diz que só o elefante é tão forte como o Bab'iim dele.

— Então Exu Bab'iim é o mais poderoso dos Exus, M'bala.

— É sim. Ele está me mostrando seu Bab'iim e...

— E o quê, M'bala?

— É poderoso e solta fogo.

— Puxa!!!

— Vamos fazer o que ele ordena, M'golo?

— Vamos sim. Com Exu Bab'iim a nos proteger, nosso povo voltará a ser fértil.

☙†††††††❧

Aquela noite M'golo realizou oferendas a Exu Bab'iim, e toda a aldeia saudou a chegada do poderoso protetor.

Mas enquanto eles realizavam o ritual, Guido examinava todos os homens e via que algo os havia tornado inférteis; recorrendo à sua visão, descobriu que o problema provinha da água que eles usavam, para beber e cozer os alimentos.

A nascente estava contaminada por um veio de um "sulfeto" esterilizante que era absorvido pelo organismo deles.

M'golo, dançando para Exu Bab'iim, foi incorporado por ele, que ordenou a M'bala: "Mudem-se para o norte ao amanhecer. Lá há uma cachoeira gigante que consagrarão a Oxum. E só beberão e se banharão com as águas dela. Quanto a esta fonte de que têm se abastecido, apossei-me dela, e quem daqui beber água ou se banhar, por mim será castigado e se tornará infértil".

Exu Bab'iim ainda dançou sua dança ritual incorporado em M'golo, antes de partir.

O despacho a ele foi realizado junto à nascente proibida, onde dali em diante ele receberia oferendas de M'golo e M'bala, e de ninguém mais, pois esta era sua vontade.

M'golo já empunhava um falo feito de marfim, providenciado durante a dança e consagrado pelo próprio Exu Bab'iim quando incorporado.

A dança da fertilidade continuou noite adentro, enquanto Guido, pacientemente, ficou à espera da senhora do trono da Pedra Negra.

Seus dois Bab'iim ardiam em chamas, dando-lhe uma aparência sobrenatural impressionante, que até suas auxiliares haviam recuado um pouco.

Faltavam cinco minutos para a meia-noite quando, com um estrondo impressionante, o trono surgiu diante dele, trazendo tudo e todos que a ele estavam ligados.

A senhora dele, trêmula da cabeça aos pés, desceu devagar, e, mal se mantendo de pé, falou:

— Exu Bab'iim, eu vim me colocar sob tua proteção, força e poder. Sou tua escrava e peço que apagues este fogo que arde na minha Dab'iim Simbólica.

— Eu vou curar-te como prometi, e aí assumirei teu destino.

Exu Bab'iim sentou-se e ordenou:

— Venha, encoste sua Dab'iim ao meu Bab'iim e descarregue nele todo o seu ódio aos humanos, fêmea natural!

Ela olhou o enorme Bab'iim ardendo em chamas e, após uma hesitação, fez o que lhe havia sido ordenado.

— Assuma meu destino que o servirei para sempre, Exu Bab'iim.

— Teu destino já assumi, irmã natural. Recolhe-te para junto de minhas auxiliares, pois em nome de minha senhora vou assumir este trono.

Guido assumiu-o e, após nele assentar-se, com sua poderosa voz falou a todos os caídos jungidos ao trono.

— Viram como se muda da dor para o prazer, e deste para o equilíbrio, escravos do trono da Pedra Negra? Pois de agora em diante não farão nada sem minha autorização. E se cometerem algum ato desumano, eu os punirei com meu poder. Mas se aprenderem comigo e me servirem como desejo, eu os ampararei, sustentarei e recompensarei com o meu Bab'iim, pois serão meus Ar'iim e se orgulharão disso, pois defenderão a vida e atuarão na fertilidade e na concepção. A cada um de vocês que eu aprovar, os purificarei e voltarão a ser humanos ao menos nesse sentido. E a cada uma, pessoalmente absorverei seus ódios, as purificarei com as chamas do meu fogo, re-humanizando-as. Mas, se algum de vocês desobedecer-me, lançá-lo-ei num tormento indescritível que os consumirá de dentro para fora.

☙ ✝✝✝✝✝✝ ❧

O fato é que Guido os hipnotizava com sua poderosa visão e seu Bab'iim impressionante, que continuava a arder em chamas. E todos o saudaram como o senhor de seus destinos, caídos nas trevas da ignorância humana.

Muitos milhares de espíritos deformados e desequilibrados o aclamaram: Exu Bab'iim!, Exu Bab'iim!, Exu Bab'iim é o nosso senhor!

Ele, numa prova de vigor, força e poder, irradiou para várias daquelas infelizes caídas, desequilibradas e deformadas, reequilibrando-as e devolvendo-lhes o frescor que só a aparência juvenil possui.

Seu poder impressionou tanto aqueles infelizes, que não o abandonariam por nada!

Quase ao amanhecer Guido recolheu-se, com toda a sua legião, ao lado negativo do ponto de forças. Levava de volta um dos tronos caídos nas esferas humanas.

— Onde está a natural caída que o ocupava, Exu Bab'iim? — perguntou a senhora do lado negativo.

Ela ainda não está em condições de retornar, minha senhora. Quando eu sentir que não cairá mais, trá-la-ei e à senhora confiarei o destino dela.

— Você o assumiu?

— A senhora sabe que sim.

— Por que não a puniu?

— Mas eu a puni, minha senhora. Ela foi punida com tanta intensidade quanto eu fui quando descobri o que havia perdido ao desequilibrar-me.

— Não a ouvi gritar de dor, Exu.

— Gritos de dor não são sinônimos de punição. Mas gemidos roucos de remorsos, estes sim são.

— Você portou-se admiravelmente, Exu Bab'iim.

— Agi com humanismo, minha senhora. Vou guiar M'golo e devolver a fertilidade àquele povo, pois assim estarei auxiliando na concepção da vida.

— Você fez o que lhe foi ordenado pela sua senhora na luz, pois crianças não mais serão raptadas. E atendeu ao meu desejo de ter de volta os caídos tronos do degrau das Sete Pedras Negativas, assim como serviu à Senhora da Concepção. Tudo de uma só vez, e ainda se tornou senhor de muitos destinos. Tome, Exu Bab'iim, receba esta pedra negra como recompensa e símbolo de ascendência sobre este trono negativo.

Guido recolheu das mãos dela a pedra negra, e quando a absorveu, também absorveu os mistérios do trono devolvido ao seu lugar de origem. Então ela falou:

— A partir de agora você é o guardião dele, Exu Bab'iim. Protegê-lo-á com sua própria vida para que nunca mais ele daqui tenha de ser afastado.

— Sim, senhora. Com o tempo trarei de volta todos os tronos desta sua hierarquia negativa, minha senhora.

— Faça isto por mim, Exu Bab'iim.

— Farei, minha senhora. Com sua licença, pois tenho umas contas a acertar.

— Com quem?

— Com Hassan. Ele me deve umas explicações e com certeza as dará.

— Cuidado, pois Hassan também é Exu Bab'moosh.

— Eu sei disso. É justamente por isso que terá de se explicar a mim. Aquele safado iludiu-me o tempo todo enquanto tentava descobrir como eu havia dominado certas fontes de energias. Vou trazer-lhe mais aquele trono, minha senhora!

— Cuidado com Hassan, pois como você, ele também é um Exu humano, e isto o torna muito perigoso.

— Qual a diferença entre um Exu humano e um natural, minha senhora?

— Um Exu natural está ligado ao Senhor do mistério dele e, caso cometa um erro ou falha muito grande, o próprio mistério o pune, rompendo o cordão que o mantém ligado ao trono que representa. Caso isso aconteça, o infeliz sente-se órfão e desamparado. Uns procuram a autodestruição e outros, revoltados, entregam-se aos vícios humanos, nos quais se degeneram totalmente.

Já no seu caso, porque já experimentou os vícios humanos na carne, sabe o que lhe será bom ou não. Com isto em mente, você raciocina, medita, reflete, e age de forma a não vir sofrer. Foi isto que fez quando recebeu uma missão, não?

— Foi sim. Eu poderia ter anulado M'golo que a missão teria sido cumprida. Mas refleti bastante e realizei outras coisas que considerei como positivas.

— Qualquer Exu natural teria anulado M'golo e dado por encerrada sua missão. E por falar nos desdobramentos que deste, tua senhora na luz ficou satisfeita com a oferenda que M'golo deu a ela, assim como com o pedido para que ela amparasse a concepção das mulheres da tribo. Acho que ela retirará a proibição de olhares sequer para os pés dela. Continua assim e um dia poderás vê-la por inteira, Exu Bab'iim!

— Assim está bom para mim, minha senhora.

— Por quê? Não desejas ver os mistérios da luz?

— Não. Acho que já vi a razão de o Exu Bab'moosh ter se refugiado nas trevas.

— Já?

— Sim, senhora. Ele, deduzo, não resistiu à visão da encantada que era a Senhora dele, e aí ambos se anularam.

— O que o levou a esta conclusão?

— Bom, andei olhando para o trono ocupado pela "fêmea" que passou o tormento da excitação ao sexo dele, e não o vi ligado a hierarquia alguma. Se tudo acontece como a senhora me revelou, então os cordões que ligavam aquele trono a um degrau natural foram rompidos, e ela, não se sustentando no ponto de forças, foi naturalmente atraída às esferas cósmicas humanas. Estou certo em meu raciocínio?

— Estás, Exu Bab'iim. Um Exu natural jamais teria apontado seu Bab para a Dab de uma Encantada da Luz. Mas Exu Bab'moosh é humano, e quando pousou seus olhos humanos nela, sem que disso se apercebesse, seu Bab humanizado excitou-se e apontou diretamente para a Dab dela, estabelecendo um cordão de ligação. Aí tudo aconteceu, pois ela, que tinha controle sobre a essência do desejo, foi possuída por essa essência. Mas porque o mistério do Bab dele é anulador da Dab dela, eles se anularam. O polo positivo de um mistério nunca pode tocar no polo negativo, Exu Bab'iim. Quando isto acontece, o mistério entra em um processo de autoanulação e desagregação energética. Para que entendas isto, é só observar o que aconteceu contigo quando servias no cristianismo: portavas os dois polos, mas como religioso e ainda mais, um Papa, nunca deverias ter acobertado crimes alheios, ou mesmo, praticado qualquer coisa que contrariasse a natureza positiva do mistério divino de Jesus Cristo que havia sido humanizado pelo Criador. Cada ação negativa que cometias anulava teu polo positivo. Com isto, à medida que ias anulando-se, ias desumanizando-se em todos os sentidos, tendo chegado ao teu fim na carne totalmente desequilibrado.

— Minha senhora na luz é o polo positivo do mistério que me sustenta?

— Sim. A concepção não acontece por acaso, não é mesmo?

— Não. Um homem tem que se unir a uma mulher.

— É isso, Exu Bab'iim. Um Exu natural repeliria a vibração da encantada que forma seu polo positivo, e nunca aceitaria como algo natural unir seu Bab à Dab dela.

Já os Exus humanizados, estes adquirem dupla polaridade e mesmo estando afastados da luz continuam a desejá-la. E o mesmo acontece quando encontram seus polos positivos de natureza oposta ou feminina.

— Natureza oposta feminina?
— Por que a surpresa?
— Então existe uma natureza oposta masculina, não?
— Claro que sim. Por isto a divindade regente da dimensão onde você recebeu seu Bab'iim Simbólico é chamada de X. Ele está no ponto central e por ele passam duas linhas magnéticas de polaridades opostas. Entendestes isto, Exu?
— Sim, senhora.
— Então repila qualquer tentativa dela em atraí-lo, senão serás anulado.
— Repeli-la, eu?
— Exato. Inconscientemente ela poderá sentir-se atraída por você. Suas ações profundas e sua ousadia natural são atrativos tão poderosos quanto teu Bab'iim Simólico.
— Tomarei cuidado com isto também, minha senhora.
— Cuidado com o Exu Bab'moosh. Conheces muito pouco sobre as ligações que ele estabeleceu nas trevas humanas; nelas estão os maiores inimigos dos Exus, que são, todos, portadores de mistérios. Exu Bab'moosh queria apossar-se do teu mistério, Exu Bab'iim!
— É, vou ter que dar uma lição naquele safado.
— Reflita... e tornarás Bab'moosh num Ar'iim do teu Bab, Exu.
— Vou refletir, minha senhora. Com sua licença!
— Chamar-te-ei caso sua senhora na luz tenha mais alguma missão para você.

Guido volitou até o plano misto (matéria e espírito) e sentou-se, fixando sua poderosa visão no seu Bab'iim Simbólico, que era um cetro fálico.

Não foi fácil, mas aos poucos conseguiu alcançar visualmente a desconhecida dimensão X, a que envia energias vitalizadoras a todas as outras dimensões.

A partir do que ali descobriu, começou a procurar o tal Trono da Fertilidade caído nas trevas da ignorância.

Sua visão poderosíssima seguiu muitos cordões, mas nenhum levava ao trono, apenas a seus graus.

— Droga! Graus não regem degraus. Isto, só os tronos-degraus conseguem, pois são o topo e o sustentáculo de uma hierarquia! — ele resmungava, toda vez que sua busca visual o conduzia a um trono-grau.

— Como não consigo localizá-lo, se já segui todos os cordões que saem do Trono daquela divindade natural masculina? Será que ele rompeu o cordão que sustinha o Trono da Fertilidade? Se isto ele fez, então não há como localizá-lo... a não ser que... é isto... o X!!! Ela não me revelou aquilo por acaso.

Como ela não me revelou tudo, então tenho que raciocinar, refletir e meditar até encontrar o elo que liga em si mesmo os quatro polos do X simbolizador da sexualidade.

Vamos Guido! A Senhora da Concepção dotou sua visão de gotas luminosas que o tornaram apto a ver, talvez, até as essências. Vá com cautela até a Dab Simbólica de sua senhora negativa e ao mistério desses mistérios todos de uma só vez. Vamos, Exu Bab'iim, você é capaz disso, pois é Bab'iim, o mistério da fertilidade masculina!

Guido procurou até que achou. A ligação não acontecia de trono para trono, mas sim de cetro para cetro. Então exclamou: eis a chave!

A partir daí, sua visão literalmente abriu o mistério daquela Dab Simbólica e, após seguir visualmente muitos tênues cordões, que partiam ou chegavam a ela, encontrou o que tanto procurava: o caído Trono da Fertilidade!

Guido fixou sua visão no colossal Trono da Fertilidade e comprovou que realmente o cordão que o unia à divindade X + - havia sido rompido. Mas após muita contemplação, localizou o que tanto desejava: o cordão que unia seu Bab simbólico àquele trono.

Já tendo um ponto de partida, vasculhou as esferas negativas, localizando todo o entrelaçamento existente, pois os cordões tanto uniam os tronos-graus entre si mesmos, como ao trono regente do degrau da fertilidade.

Quando isto ele já visualizava como um todo, deu início à contemplação do Bab simbolizador e o que descobriu assustou-o: — Meu Deus! Aquele Bab cósmico irradia para muitas dimensões, e em muitos níveis evolutivos e graus vibratórios! Quando está sobrecarregado envia seus acúmulos às Dabs Simbólicas ligadas a ele, e quando elas estão sobrecarregadas, ele as descarrega! Mas... espere... só pode ser isto! Descobri o interesse de Hassan por mim: o infeliz está sendo usado pelo canalha assentado naquele Trono da Fertilidade, que por meio dele pretendia apossar-se do mistério do meu Bab. Que sujeito desgraçado!

— Se isto ele conseguir, certamente derrubará a minha senhora na luz, pois apontará para ela o Bab simbólico que segura, e a inundará com a essência que desperta a excitação e lança os seres no desejo. Mas... espere aí... foi ele que passou essa essência ao meu Bab humano. Logo, ele deve ter descoberto o mistério do Bab'moosh de Hassan, e aí derrubou a senhora dele na luz. E isto já deve estar fazendo com a minha senhora na luz, pois ligou-se a Hassan, e assim, através de Hassan, e passando por mim, conseguiu chegar até ela, inundando-a com a essência que excita. Que sujeito desgraçado de esperto! Mas vou dar-lhe uma lição inesquecível após descobrir tudo o que preciso sobre ele. Há, há, há... já sei em quem vou descarregar estas energias de dor acumuladas no meu sétimo sentido... há, há, há...

Guido vasculhou o passado do espírito assentado naquele trono da Fertilidade masculina, descobrindo tudo sobre ele. E quando contemplava o deformado e putrefato Bab humano dele, descobriu um cordão ligando-o ao Bab de Hassan, deste ao seu, e do seu à Dab de sua senhora na luz.

Guido, mesmo sabendo o risco que corria, fixou sua poderosa visão naquela Dab encantada, positiva e luminosa. E o que viu o fez sofrer e revoltar-se.

— O safado vai derrubá-la e privar-me de meu único polo positivo! Que desgraçado! Vou lançá-lo numa dor tão grande, mas tão grande, que nem em um milhão de anos se livrará dela! Ah, verme safado! Quantas encantadas você já derrubou?

— Muitas, amigo Papa! — falou alguém às costas dele, atingindo-o em cheio com um susto terrível.

— Maldição!!!

— Acalme-se, amigo Papa. Nós não somos seus inimigos.

— Não? Se não são, então por que não se anunciaram assim que aqui chegaram?

— Não podíamos. Você nos facilitou as coisas, pois sem sua ajuda jamais descobriríamos o que você e sua magnífica visão descobriram. Também temos interesse em dar uma lição inesquecível nesse safado.

— Vocês sabem quem fui?

— Sim... e o que você também agora é.

— Como me descobriram?

— Através do Bab de M'golo, que é totêmico e está energeticamente ligado ao seu cetro simbólico. A partir dele chegamos até você.

— Quem são vocês? Afinal, você não me é estranho... não é mesmo! Você é o...

— Sim, Papa, sou ele sim.

— Com todos os infernos da sua divina comédia, poeta!

— Acrescente muitos outros infernos que o meu mestre Virgílio não me revelou.

— Que surpresa encontrá-lo aqui no coração do continente africano, poeta!

— A minha não é menor, creia-me. Um Papa ocultando-se num mistério natural... não é muito comum, é?

— Ouça, eu não estou me ocultando. Apenas tudo foi acontecendo de tal forma que não tive controle algum sobre tudo o que comigo aconteceu. Quem é esse seu amigo?

— Um templário, cuja obra luminosa você apagou.

— Eu só puni uns malditos templários adeptos das magias negras, poeta.

— Assim como também atingiu os que realizavam uma obra abençoada pelo Cristo Jesus. Tudo tem sua contrapartida, Papa.

— Sinto muito por você, templário. Eu só queria purificar o cristianismo das influências nocivas à pureza de sua doutrina.

— Imagino que os tesouros templários de que você e os seus asseclas apossaram-se fazia parte dessa purificação, não? — perguntou o templário.

— Aquilo foi para fortalecer a Igreja como um todo...

— Comprando consciências e calando vozes discordantes, não?

— Isto é a política, sabe.

— Sei. Mas isto já é passado, Papa. Você me deve algumas coisas dele, e neste momento, que é o nosso presente, acho que poderá pagar... e ainda sair ganhando muito.

— O que, por exemplo?

— O direito de continuar com a parte pensante do seu ser ligada ao que lhe restou de humano: seu esqueleto.

— Eu, agora, sou o Exu Bab'iim. Você não poderá me atingir, senão será possuído pelo mistério que em mim e através de mim se manifesta.

— Ótimo!

— Você ficou maluco? Isto é um mistério, templário!

— Minha espada também é... e talvez ela absorva o teu ou o anule. Desejas dar-me o privilégio desta experiência, Papa?

— Não. Eu não estarei em condições de saber o que aconteceu, não é mesmo?

— Não estará mesmo.

— Então vamos nos assentar e conversar. Afinal, um Exu de verdade sempre encontra um meio termo em que todos os interesses se equilibram e se completam.

— Assim é melhor — concordou o poeta Dante Alighieri, contemporâneo de Guido no plano material.

— Primeiro me digam como chegaram até aqui, e por que?

— Nós estamos procurando a ligação entre os acontecimentos de nossas vidas, Papa. Já vasculhamos todos os lugares onde totens fálicos foram erigidos e o deus da Fertilidade foi cultuado. E chegamos ao coração do continente negro, onde o deus ou divindade cósmica correspondente é um tal de Exu. Se o acaso existe, então ele nos levou até M'golo, que emasculava crianças e oferecia os testículos delas a uma tal deusa da fertilidade. Mas quando estávamos à espera dela você surgiu e aí...

— Viram-me com meu símbolo fálico e passaram a vigiar-me. É isso?

— Exato. Nós assistimos você instalar-se como senhor da fertilidade e, através do símbolo fálico que M'golo agora vive a acariciar, chegamos até aqui, pois você havia desaparecido ao amanhecer do dia de hoje. E seguimos, também visualmente, sua poderosa visão... que descobriu a teia de ligações estabelecidas naturalmente pela Lei Maior.

— Vocês viram o que o safado armou para mim e minha senhora na luz?

— Ela não é a primeira que ele incomoda, Guido.

— Ela vai cair, poeta!!

— Não, se agirmos rápido. Você tem o Bab simbólico e a energia que pode lançar aquele infeliz na dor.

— E vocês, o que têm?

— Nossas espadas encantadas, mas nas suas polaridades positivas.

— Eu posso plasmá-las num piscar de olhos, poeta.

— É certo que pode, mas será destruído por elas assim que segurá-las com seus ossos.

— Por quê?

— Isto é um mistério e nós não vamos revelá-lo a você.

— Eu já plasmei umas espadas templárias e ainda acrescentei a elas o fogo da destruição, sem nada de grave acontecer-me.

— Você, mentalmente, manipulou energias afins com seu magnetismo. Mas caso queira testar se estamos mentindo, só faça isto depois que dermos uma lição naquele verme humano, certo?

— Por quê?

— Você é o único, no momento, em condições de enfraquecer aquele verme. E caso venha a ser reduzido a um ovoide pelo mistério dessas nossas espadas, aí uma longa busca terminará em nada, como tantas outras já iniciadas por nós.

— Há quanto tempo vocês estão caçando aquele sujeito?

— Acho que há uns cinquenta anos ou mais.

— Tanto tempo assim? Então eu...

— Você desencarnou há mais de um século. Por falar nisso, por onde andou este tempo todo?

— Andei?— Eu não andei... só fui arrastado no inferno por todos aqueles demônios que tão bem descreveste no teu inferno, assim como por muitos outros que lá não quiseram se mostrar.

— Aquele inferno não é meu.

— É claro que é. Foi você que o descreveu.

— Aquilo é apenas o inferno humano.

— Bom, isto é certo. Mas ninguém o havia descrito, simbolicamente, tão bem desde os clássicos gregos.

— Também estive na Grécia clássica, Guido.

— Então tua sina é descrever as árvores "genealógicas" dos infernos, poeta.

— É, acho que é mesmo. Mas voltando ao que até aqui nos trouxe, saiba que somos Mehi'iim e estamos tentados a concluir uma missão que recebemos da Senhora da Concepção assentada no ponto de forças naturais das Sete Cachoeiras.

— Um dos "Tronos" da concepção!

— Isto mesmo. E você, como Exu Bab'iim irá auxiliar-nos.

— Eu estou cumprindo uma missão que recebi do meu senhor, o Bab'iim Mehór.

— Bab'iim Mehór?

— Isto mesmo. Ele ordenou que recuperasse aquele trono da Fertilidade e o reconduzisse ao seu lugar original junto ao trono Cósmico dele.
— Bab'iim Mehór? Quem é esta divindade cósmica, Guido?
— É um mistério, templário. Por que tanta curiosidade?
— Você acredita se eu lhe disser que antes nunca ouvi esse nome, e, no entanto, sinto que não me é estranho?
— Será que você... não... isto não.
— O que deduziu que te preocupou?
— Não é possível, templário. Não pode ser... minha mente está atordoada, sabe?
— O que você descobriu?
— Eu segui visualmente a linha do X desde o polo ocupado pelo Bab'iim Mehór e, ao chegar no outro extremo, encontrei um trono Celestial vazio.
— Que Trono era ele?
— O Trono Bab'iim Iór Hesh.
— Que Trono é este, Guido?
— Infernos, você quer lançar-me nas trevas do esquecimento total, templário?
— Por quê?
— Eu não posso revelar, pois é um mistério.
— Trono Bab'iim Iór Hesh. Isto o lembra de algo que nós não demos a devida atenção, poeta? — perguntou o templário, dirigindo-se ao poeta Dante Alighieri.
— Não, irmão. Mas a mim este nome também é familiar. Se ao menos o Papa facilitasse as coisas...
— Nem pense nisso, poeta. Prefiro ser abatido por suas espadas que revelar o irrevelável.
— Nós respeitamos os mistérios, Exu Bab'iim. Não será isto que irá nos separar agora. Mas com sua visão privilegiada poderá desvendar um mistério que me ronda há milênios sem mostrar-se de forma nítida.
— Isto, não tenhas dúvidas de que farei, templário. Mas se pensas que vou revelar-lhe algo, estás enganado. Ninguém chega a um mistério só por informações!
— Disso tenho ciência. Bem, voltando ao que nos interessa, nós...
— Espere um pouco, templário, eu sou Exu Bab'iim!
— E daí? Também és o que restou do mais safado dos espíritos que já encontrei caído nas trevas, e não me importei com o mal que fizeste à Ordem dos Templários. Logo, não venhas com a conversa dos Exus naturais, que não fazem nada para nós se não lhes dermos algo em troca.
— O mistério Exu é assim mesmo: ou recebe algo ou nada o ativa.
— Mas nossos objetivos são comuns, não são?
— De jeito nenhum.
— Como não?
— Eu estou cumprindo uma missão para o meu senhor, o Bab'iim Mehór. E vocês, uma totalmente diferente para a Ma-a-iim Yór Hesh yê.

— A celestial Senhora das Sete Cachoeiras, Exu Bab'iim, foi quem nos ordenou que anulássemos o sujeito que você descobriu ocupando aquele trono, pois o safado tem lançado muitas das Encantadas nas trevas dos desejos humanos.

— Como é que dois cristãos não caídos, e até bem luminosos como vocês, foram parar nas Sete Cachoeiras?

— Como é que um cristão caído no inferno foi parar nos domínios do Bab'iim Mehór?

— Bom, primeiro, fui enviado aos domínios de um conhecido do passado que reina num trono assentado à esquerda do Islã.

— Que trono, Guido?

— O da pedra rubra, que Hassan ocupa.

— Hassan? O cão excomungado pelo profeta?

— O profeta excomungou Hassan?

— Bom, isto foi o que descobri ao chegar ao trono da Pedra dos Desejos.

— Aquele miserável mentiu-me em todos os sentidos, menos quando me falou que havia me traído com minha esposa quando servi à religião islâmica.

Após olharem Guido por um momento, confirmaram que ele havia servido ao lado luminoso do Islã. Mas as datas não combinavam com o tempo em que Hassan havia estado no plano material. Ele, Hassan, havia encarnado bem depois.

— Onde entra Conchetta, se neste ponto ele não mentiu?

— Talvez Hassan tenha atuado indiretamente sobre ela, instigado pelo canalha que devemos anular.

— Quando eu puser minhas mãos em Hassan, vou reduzi-lo ao que ele é: uma hiena mentirosa!

— Acalme-se, Guido. Lembre-se de que és também Exu Bab'iim, e teu Bab está flamejando — alertou o poeta Dante.

— Tens razão. Agora minhas quedas vibratórias manifestam-se como chamas. Mas... voltando ao fato de eu ser um Exu, o caso é que, ou fazem algo por mim ou os excluo de minha missão.

— Você sozinho não tem nenhuma chance de aproximar-se daquele trono, Guido.

— Posso voltá-lo contra o ocupante dele sem vossa ajuda.

— Claro. Mas aí serás atingido por reflexão do próprio mistério energético que te anima, e que está desligado do Trono do Bab'iim Mehór. Ou isto não te ocorreu?

— Templário, estás dizendo que se eu ativar aquele mistério com minha mente ele se voltará contra mim também?

— Exatamente, Exu. Ou você não é um Bab'iim?

— Agora sou, oras!

— Aquele trono é o regente de todo um degrau, Guido. Por que achas que os tronos cósmicos caídos não são fáceis de serem reconduzidos aos seus pontos de forças originais? Todos os que tentaram agir como estás pensando foram fulminados junto com quem queria recuperá-los.

— Droga, eles têm a mesma defesa que suas espadas.

— Já descobriu o mistério delas, Exu Bab'iim? — perguntou o poeta Dante.

— Já.

— Você é bom mesmo, sabe. Talvez... — e o poeta calou-se, deixando Guido curioso.

— Vamos, não faça mistério, poeta. Talvez seu plano seja menos arriscado que o meu.

— Talvez. Mas como Mehis Maaiim Hesh yê, não podemos, tal como os exus naturais, ajudar alguém sem receber algo em troca.

— Que história é esta agora, poeta?

— O que sabe dos guardiões da direita, Guido?

— Nada, oras. Ainda sou um Exu muito novo.

— Claro. E acho que aquele sujeito lá embaixo, que é um antigo Exu caído, estava atuando em você induzindo-o a ligar seu Bab'iim ao dele, para descarregar em você as energias de dor acumuladas no sétimo sentido dele que, se não me engano, é pelo menos umas dez mil vezes mais forte que as que você acumulou. Afinal, você só absorveu a dor de umas poucas milhares de irmãs naturais. Mas ele vem acumulando a dor de muitos milhões de espíritos humanos femininos caídos nas trevas há milhares de anos.

— É isto mesmo, Guido — confirmou o templário. — Acho que ele facilitou as coisas para você até agora, pois deseja colocar este seu Bab'iim Simbólico a serviço dele, onde descarregará parte da dor que nem o trono energético ocupado por ele consegue absorver.

— Tenho certeza disso — falou o poeta. — Através do seu Bab'iim Simbólico humano, ligado à Dab de sua senhora cósmica, acho que ele pretende transferir para ela toda a dor que está acumulada naquele trono, e que o torna tão denso, negativo e propenso a afundar cada vez mais nas esferas negativas humanas.

— Que sujeito maldito! Já não chega a ele atormentar a Dab da minha senhora na luz?

— Derrubando tua senhora na luz ele só o deixará solto na esquerda. Mas lançando tua senhora cósmica em desequilíbrio energético, ele atingirá teu cósmico senhor Bab'iim Mehór, que está diretamente ligado à Dab dela, certo?

— Seguindo seu raciocínio, isto é mais que certo, templário. Por que ele deseja chegar a tanto?

— Ele era o Trono regente daquele degrau, Guido. Encarnou para concretizar no plano material o culto ao deus da Fertilidade, mas falhou quando cedeu aos sacrificadores humanos. Foi punido pelo Mehór, guardião do mistério que ele deveria ter humanizado, e caiu nas trevas quando o cordão que ligava o Bab dele ao do Bab'iim Mehór foi cortado pela espada encantada do guardião, que outro não era senão você, que também encarnou e ceifou o culto ao deus Fálico.

— Que guardião sou eu, templário?
— O Guardião das Sete Cruzes, Guido.
— Já ouvi isto. O que significa?
— Você é um guardião dos mistérios religiosos e tem por dever purificar os rituais religiosos das coisas humanas negativas. Mas como todos nós, andou se excedendo.
— Como os templários?
— Mais ou menos.
— O que significam as sete cruzes, já que você ostenta uma tanto na sua veste como no teu peito?
— A cruz simboliza mais ou menos isto: observe..., onde no centro está a fé, e cada seta indica as direções para onde ela pode se expandir.

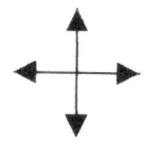

Assim (↑), ela simboliza ascensão ou subida.
Assim (↓), ela simboliza queda ou descida.
Assim (→), ela simboliza evolução positiva.
Assim (←), ela simboliza evolução negativa.
Circundando a cruz com o círculo, temos isto: ⊕, que significa que em todas as direções sempre estaremos dentro do todo que é Deus. Assim, a cruz simboliza o alto (↑), o embaixo (↓), a direita (→), e a esquerda (←). Mas esta simbologia pode ser aplicada a qualquer outro símbolo sagrado, Guido. Logo, por analogia, é só observar aquele Trono e ver que nele está faltando um Bab'iim Simbólico. E se não estou enganado, este em tua mão esquerda é ele, Exu Bab'iim. Falta àquele canalha exatamente o teu, que ele poderá usar para atingir a tua senhora cósmica, que é o embaixo da senhora Oxum das Sete Pedras, e por meio dela atingir o teu cósmico Bab'iim Mehór, que é em si mesmo o mistério que sustenta toda a hierarquia cósmica masculina, da qual você é um dos Mehí Mahar ou Guardião Cósmico.
— Puxa!!! — exclamou Guido, para a seguir dizer — O canalha é ambicioso, não?
— Se é! — concordaram o poeta e o templário.
— Bom, se a coisa está nesse pé, acho que podemos trocar alguns favores, não?
— Será que devemos negociar com um Exu, templário? — perguntou o poeta.

— Não sei não. Mas acho que o resultado final vale o risco, poeta.
— Tudo bem. O que você deseja de nós, Exu Bab'iim?
— Bom, um de vocês terá de se aproximar de minha senhora na luz e humanizá-la antes que ela caia vibratoriamente, e eu fique sem meu polo positivo de natureza feminina, fato este que, se acontecer, lançar-me-á num tormento indescritível.
— Até aí, tudo bem — concordou o poeta.
— Terá também de humanizar minhas auxiliares que anulei no sétimo sentido, ou ao menos despertar nelas o desejo pelo meu Bab'iim.
— Isto é fácil. — falou o templário.
— Isto que pedi é para o poeta. A você o pedido é de outra natureza, templário.
— O que deseja, Exu Bab'iim?
— Empunhar sua espada para ajudar-me a recuperar meu trono no caído Degrau das Sete Cruzes.
— Você está louco?
— Por quê?
— Você sabe onde ele está?
— Acabei de localizá-lo através das Sete Cruzes simbólicas de sua espada encantada, templário.
— Acha que vou descer até aquele inferno com minha espada da Lei e da Vida empunhada só para ajudá-lo a recuperar um trono que você deixou afundar tanto em sua última encarnação? Você, ao anular a Ordem dos Templários, jogou aquele trono nos domínios mais profundos das trevas humanas.
— Você pode alcançá-lo e purificá-lo com sua espada encantada, templário. Ou isto ou vou descobrir um meio de reconduzir aquele trono sem a ajuda de vocês!
— Negociar com Exu dá nisso, templário. Eles nos dão uma moeda e levam a mina de ouro, falou o poeta Dante.
— A moeda é de ouro, poeta? — perguntou Guido.
— Não. No máximo é de algum minério pouco valioso.
— Ainda não conhecem o real valor da moeda que estão recebendo, Mehís. O tempo lhes dirá que ela é tão antiga e tão valiosa que com ela adquirirão minas de todos os minérios; inclusive as de ouro e pedras preciosas.
— Do que você está falando, Guido?
— Agora é o Exu Bab'iim quem está falando, Mehí poeta. Eu posso ver o que vocês não podem, só que por se tratar de um mistério, nada posso comentar.
— Droga, templário, ele está acenando com o indizível, pois assim nunca saberemos a que está se referindo. E aí, se algo de bom um dia acontecer em nossas vidas, ele dirá: eu os avisei que isto ia acontecer de positivo em vossas vidas!

— É, os Exus são assim mesmo. Não revelam nem quem é o santo nem qual é o milagre que ele fará. Assim, tudo é possível de encaixar-se no que eles acenam para nós.

— Estão com receio do que vejo, mas não posso revelar?

— Não. O receio é quanto ao que fará assim que recuperar aquele trono das Sete Cruzes... Por isso, exigimos que você o reconduza ao lugar de origem dele, junto ao regente planetário Oxalá.

— Aí não, templário. Se isto eu fizer, ficarei comprometido com mais um Senhor do alto.

— Ou isto ou nada, Exu Bab'iim. Mas também aceno para você com algo que não pode ver, mas que valerá tanto que sua vida se transformará num mistério em si mesma — falou o poeta Dante.

— Aprendeu isto comigo ou com os Exus naturais, poeta?

— Dá na mesma, pois se eles são ágeis, você é astuto, esperto e ardiloso.

— Isto eu já era no meu tempo do pontífice.

— Tudo bem!, Papa. Vamos descer e recuperar o Trono da Fertilidade.

— Não. Primeiro o Trono das Sete Cruzes. Ele, se estou certo, proporcionar-me-á recursos extras para derrotarmos aquele safado assentado no Trono da Fertilidade. E além do mais, de posse dele adquirirei um novo polo magnético positivo. Aí, caso você falhe na humanização deste meu atual polo positivo, já não ficarei solto na esquerda.

— Não falharei, Exu Bab'iim. Tenho humanizado espíritos já desumanizados há milênios.

— Não é este tipo de humanização de que ela está precisando, poeta.

— Se não é este, então...

— Isto mesmo.

— Você está maluco se acha que vou aceitar assumi-la energicamente justamente através do sétimo sentido!

— Você concordou, poeta. Agora não pode recuar, senão...

— Senão o quê?

— Isto também é um mistério e nada posso comentar.

— Não lhe avisei, poeta? — falou o templário — Devíamos tê-lo executado em nome da Ordem do Templo e nos livrado dessa encrenca toda.

— Agora é tarde para recuarem, Mehís da Luz!

— Tudo bem. Vamos descer até o lugar onde está o Trono das Sete Cruzes... e ver se podemos tomá-lo.

— Exu Bab'iim, você já domina, mental e visualmente todos os detalhes energéticos dele, certo?

— Como sabe disso?

— Isto é um mistério e nada podemos revelar. Portanto, quando nós fustigarmos o teu filho bastardo que está assentado nele, trates de voltar os poderes do detalhe do alto do trono contra ele e o reduza a um ovoide, certo?

— Meu filho bastardo? Qual deles?

— Aquele que tentaste tornar senhor da Itália.

— Poeta, não posso atingir meu próprio filho!

— Você criou uma serpente, Guido... e a dotou de um mortífero veneno, pois mal ele caiu nas trevas, foi entronado por algum dos grandes das trevas. Justamente para impedi-lo de reconquistá-lo e, assim, readquirir algum mérito junto ao Cristo Jesus, pois uma daquelas sete cruzes está ligada naturalmente a ele.

— Qual a cruz que está ligada a ele, templário?

— A cruz da fé, Guido. A mesma cruz que seu tio arrancou do seu peito e colocou nas suas costas para aniquilá-lo diante de teu senhor na luz da Fé. Ou anulas teu filho ou ele te reduzirá a cinzas assim que estiveres na frente dele.

— Não terei coragem de anulá-lo, templário.

— Veremos se na hora o pai se sobressairá sobre o Papa ou o Exu Bab'iim se sobressairá sobre o Papa. Vamos! — ordenou o templário.

Pouco a pouco, sempre abaixando o nível vibratório, os dois espíritos da luz seguiram com Guido até a quinta esfera negativa, que era onde estava caído o trono regente do Degrau das Sete Cruzes.

Todos os tronos-graus haviam sido separados, e, se alguns haviam ascendido às esferas da luz, a maioria havia caído nas trevas da ignorância humana. O Trono Regente ali se encontrava porque Guido havia se tornado negativo a tal ponto, que só o magnetismo daquela esfera o sustentava diante do trono.

Guido exclamou:

— Meu Criador! Que horror é este que nele se assentou?

— Você está refletido ali — falou o templário. — Aquela criatura foi seu filho no plano material. Tens, por dever, anulá-lo e aliviá-lo do tormento que dele se apossou.

— Que tormento é este aí, templário?

— O das ilusões humanas, Guido. Ele acreditou que você o tornaria um novo César, e tanto acreditou que após a morte para a carne, entregou-se ao seu polo negativo e deu vazão a este horror que estamos vendo. Mas saiba que por trás dele existem poderosos mentais negativos que desejam aprisioná-lo neste trono.

— Como?!

— Oras, você, quando aí se assentar, terá contra si mesmo todo o negativismo humano acumulado no magnetismo do mistério que torna este trono no que é: um mistério da Fé!

— Vou transformar-me numa criatura horrorosa assim?

— Não. Com você será pior, pois nessa aí só o mistério de uma das cruzes fluiu, já que ele é só um grau desse degrau. Mas você, no passado, era o regente desse degrau, e traz em si mesmo canais mentais por onde fluirão os sete mistérios. Logo, a explosão de horrores que acontecerá o bestificará de tal maneira que nem em um milhão de anos conseguirá voltar a ser o que agora é: uma caveira humana.

— Como fazer então?

— Confie-o a alguém apto a absorver todo o negativismo nele acumulado, Guido.

— A quem vou confiá-lo se não conheço ninguém?

— Eu conheço — falou o templário. — É o orixá Omolu, senhor cósmico responsável pelos espíritos portadores de desequilíbrios emocionais intensos relacionados com a Fé. Ele, nós cristãos, também conhecemos, mas com o nome de Anjo da Morte.

— Anjo da Morte?

— Isto mesmo. E uma de suas manifestações abarca as consciências paralisadas na Fé. São os enfermos nas coisas religiosas, Guido. Por isso, os africanos cultuam-no como o curador. Só Omolu está apto a absorver todo o negativismo religioso acumulado neste trono, e que o torna um polo de atração natural de todos os caídos no que diz respeito à Fé. Todos os seres desequilibrados religiosamente, até ele ou a um de seus tronos-graus, são atraídos. Mas também há o aspecto positivo, pois muitos dos seus graus ascenderam e estão assentados nas esferas da luz, onde atuam no sentido de amparar os espíritos e a se encontrarem com o Criador pela Fé. E os canalhas, que têm ocupado este e outros tronos caídos nas trevas, têm usado-os para atingirem quem ascendeu ou está em vias de galgar os degraus da luz. Portanto, a única forma de neutralizar o negativismo deste trono é confiar a guarda dele a uma divindade natural apta a sustentá-lo até que você, o senhor natural dele, esteja em condições de reconduzi-lo ao seu lugar natural junto ao ponto de forças regido pelo orixá Oxalá, senhor natural da Fé.

— Isto poderá durar um milhão de anos, templário.

— Num caso desses o que importa é neutralizá-lo, Guido. Faça isto e todos os Anjos do céu voltarão seus divinos olhos para você e o iluminarão durante esse um milhão de anos para que nunca mais se deixe envolver pelas trevas da ignorância religiosa e nem pelas sombras da ambição humana.

— Também os demônios dos infernos voltarão seus olhos para mim, não?

— Isto eles fizeram assim que você desceu desse trono e encarnou pela primeira vez. O que agora a Lei Maior lhe oferece é que volte a ser vigiado também pelos da luz, pois os das trevas nunca deixaram ou deixarão de vigiá-lo, e esperar por uma oportunidade de afastá-lo ainda mais da luz.

— Voltarei à luz através do Anjo da Morte, é isto?

— Exato. Os mortos, às vezes, conseguem ressuscitar! Faça a coisa mais certa para este momento de sua vida e, com certeza, ressuscitará para o símbolo da Fé através da Santa Cruz, pois este símbolo sagrado encerra este mistério. O Cristo Jesus desceu aos infernos e, após dominar e neutralizar seu par oposto nas trevas, ascendeu aos céus, assentou-se à direita de Deus e tornou-se um guia para muitos, que ao Pai Ele tem conduzido.

— O X novamente! — exclamou Guido — Ele anulou o polo negativo e por isto quem cai no cristianismo está sujeito a todos os demônios do inferno.

— Não leve ao pé da letra isto, pois muitos mistérios cósmicos ou negativos são regidos pelos símbolos da Fé. A Lei Maior ordena tudo.

— Entendo.

— Como é? Vai colocar este trono sob a guarda do senhor Omolu ou não?

— Vou sim, templário. Só não sei como proceder.

— Eu sei, Guido. Num dos aspectos do mistério que me rege, sirvo ao senhor Omolu, mas na luz. Vou conduzi-lo até o ponto de forças cósmicas regidas por ele, e veremos se ele deseja assumir a guarda deste trono, agora negativo, mas que já foi um trono Celestial no passado.

༺✝✝✝✝✝✝✝༻

Pouco depois, já diante do orixá Omolu, Guido assumiu o compromisso de servir às sete cruzes através dos domínios do Senhor das Almas, mas, em seu lado cósmico, regido por Omolu.

Só então, já portando uma missão cósmica, Guido retornou ao trono das Sete Cruzes da Fé e da Lei, preparado para assumi-lo sem ser atingido pelo negativismo nele acumulado.

O poeta perguntou-lhe:

— Por que seu filho olha para você e não o ataca se o odeia?

— Eu ganhei da Senhora da Conceição um mistério, poeta. Estou recorrendo a ele para anular o ódio do meu filho. Vou ordenar a ele que desça desse trono e curve-se diante da Lei Maior.

Realmente, Guido ordenou e foi obedecido sem relutância por Felipe, seu sobrinho-filho, ou filho-sobrinho.

Guido, assentado no trono, ativou um dos detalhes dele e, no instante seguinte, Felipe voltava a ser como era antes de ter sido envenenado... E começou a chorar inconsolavelmente, obrigando Guido a descer do trono, abraçá-lo e consolá-lo.

— Perdoe-me, meu filho. Eu errei muito e o induzi a partilhar de minha ambição humana. Mas, no fundo, acho que só queria compensá-lo por não ter assumido sua paternidade. Fui um canalha em todos os sentidos e o arrastei comigo até este abismo.

— Eu sofri o pior dos pesadelos, tio Guido — lamentou-se Felipe.

— Por favor, meu filho, sou seu pai natural da nossa última encarnação!

— Não, quem realmente foi meu pai foi o meu tio em segundo grau, o monsenhor Giuseppe. Já descobri isto, tio.

— Mas...

— É verdade, tio Guido. Minha mãe só o usou para não incriminar ele, e também, para ter o senhor como e quando ela bem quisesse. Ambos fomos usados o tempo todo pelos outros, tio. Eu os odiei tanto, mas tanto, que fui possuído pela ira da fé, que é uma fúria religiosa da Lei Maior... e acertei muitas contas, que talvez o senhor devesse cobrar. Mas como foi o único que realmente me amou, não só não consegui odiá-lo como vinha livrando-o de alguns de seus inimigos... destruindo-os e lançando-os na dor.

— Meu santo Deus! Eu tinha tanta vontade de dizer ao mundo que você era meu filho, Felipe.

— Ainda bem que não fez isto, tio. Só teria abreviado sua carreira religiosa por nada.

— Não. Se isto eu tivesse feito quando sua mãe revelou-me que estava grávida de um filho meu, muitos pecados mais eu não teria cometido.

— O que realmente aconteceu conosco, tio Guido?

— Não sei, Felipe. Mas ainda assim, continuo a vê-lo como um filho que não pude assumir.

— Eu continuo a vê-lo como o único que me tratou como um filho, tio Guido.

— Sabe, eu tinha razão sobre você: a Itália seria reunificada se não tivessem me traído... e envenenado-o

— Ninguém me envenenou, tio. Eu mesmo, atormentado por ter engravidado minha irmã Adriana, ingeri um veneno mortal.

— Óóóó! Meu Deus! Você fez isto, Felipe?

— Sim.

— Meu Deus, de que árvore venenosa Deus colheu-nos como frutos humanos, Felipe?

— Não sei, tio. Mas não resisti à vergonha e às ameaças dela de se matar. Matei-me antes.

— E ela pouco depois, sabia?

— Sim eu já soube disso também.

— Que família foi a nossa! — lamentou-se Guido.

— O destino reuniu nela a escória, e uns devoraram os outros, tio.

— Acho que foi isto mesmo, meu filho.

— Bem, já estou me sentindo melhor. Acho que vou me ocultar em algum outro abismo dos infernos para não ser visto por mais ninguém.

— De jeito nenhum, Felipe. Virá comigo, e juntos haveremos, mesmo que leve um milhão de anos, de devolver este trono ao Senhor da Fé. Juntos resgataremos todos os frutos venenosos que nossa envenenada árvore da vida lançou no meio humano, e juntos, todos haveremos de seguir de agora em diante.

— Tens certeza de que ainda me quer por perto, tio?

— Por perto não. Quero-o comigo. E se não reunificamos a Itália, ao menos vamos reunificar os membros de nossa família, e depois...

— Quem virá depois, tio?
— Muitas outras famílias, Felipe. Este é o juramento íntimo, está bem?
— Sim, senhor. Eu acho que já chega de tantas desuniões.
— Vamos, vou conduzir este trono aos domínios do nosso novo Senhor, que neles um verdadeiro império da Lei e da Fé pouco a pouco em torno deste Trono haverá de se formar.
— O senhor não desiste mesmo!
— Mas agora será um império regido pela Lei Maior, Felipe. Vamos sair desse domínio das ilusões!

☙ ✟✟✟✟✟✟✟ ❧

No instante seguinte, Guido assentava o Trono das Sete Cruzes no ponto de forças regido pelo orixá Omolu, que o agregou ao seu símbolo natural de regente planetário responsável pelas almas "enfermas" no sentido da Fé.

Guido recebeu a incumbência de "guardar" aquele trono Celestial deslocado de seu ponto de forças original. Recebeu também um símbolo identificador de seu grau de guardião natural do Trono das Sete Cruzes da Lei e da Fé, que usaria sempre que recebesse uma missão do orixá Omolu.

Quanto a Felipe, Guido agregou-o ao trono como Exu Ár'iim das Sete Cruzes.

Com tudo resolvido, seguiu junto com o templário, o poeta Dante e seu novo auxiliar à esfera negativa onde estava o caído Trono da Fertilidade.

Mas, mal adentraram nela, foram envolvidos por mil tormentos infernais, que só esperavam abaixarem suas vibrações para atingi-los.

O templário sacou sua espada encantada e tratou de repelir as hordas que os atacaram, e ordenou ao poeta que fizesse mesmo, caso não quisesse sucumbir-se diante dos fluxos energéticos negativos poderosíssimos direcionados contra eles.

Guido plasmou uma daquelas espadas animadas pelo fogo da destruição e passou-a para Felipe, que havia sido atingido com violência e estava caído no solo escuro, gemendo de dor. No instante seguinte já era mais um a lutar contra aquelas hordas infernais que surgiam do nada e abatiam-se sobre eles.

Após plasmar mais uma para si, Guido ajudou-os a abrir um círculo onde quem nele penetrasse seria consumido pelas energias das lâminas positivas ou das cósmicas.

Já mais tranquilo, ele apontou seu Bab'iim Simbólico diretamente para o Trono da Fertilidade e começou a atraí-lo, já que dali não conseguiam sair.

Não demorou muito para visualizar o colossal Trono da Fertilidade, ocupado por um ser caído em todos os sentidos, e também muito poderoso!

Aquele "safado" voltou seu poderoso mental contra Guido e, gargalhando libidinosamente, começou a atuar sobre a mente dele, levando-o a rever todos os erros, falhas e pecados cometidos no campo da sexualidade humana, enfraquecendo-o de tal maneira que o levou ao desespero numa fração de segundo.

A seguir, o mesmo fez com Felipe, que começou a agredir-se e a tentar livrar-se de seu sexo.

— E agora? — indagou o poeta, assustado com o que estava acontecendo.

— Não sei, mas, ou os reequilibramos mentalmente ou...

— Nem diga isto, templário. Este canalha aí é capaz de levar-nos a um desequilíbrio mental tão negativo que daqui a pouco sentiremos vergonha por sermos do sexo masculino.

— Concentremos todo o nosso mental positivo no de Guido e o levantemos, poeta. Mas não como Guido, e sim como Exu Bab'iim.

— Tem razão. Guido foi um pervertido sexual, mas como Exu Bab'iim, só tem a incomodá-lo conscienciaImente o erro cometido contra suas auxiliares naturais. E o desejo de ajudá-las, que lateja no íntimo dele, será a alavanca mental que usaremos para libertá-lo do domínio mental desse verme sexual. Vamos, atuemos ao mesmo tempo e na mesma vibração, irmão de Lei e de Vida.

Aos poucos, eles foram conseguindo reequilibrar Guido que, ao ser lembrado dos compromissos assumidos perante as divindades, reagiu contra aquele mental poderosíssimo. A lembrança de que tinha toda a eternidade para reparar seus erros, falhas e pecados o fortaleceu um pouco mais. Mas o que o libertou mesmo foi lembrá-lo de suas auxiliares naturais ligadas ao seu Bab'iim, de sua senhora cósmica, e senhora na luz, assim como do Bab'iim Mehór. Isto o reequilibrou de vez e o fez reagir.

Mas sua reação não abalou aquele ser poderoso que, gargalhando libidinosamente, falou:

— Tolo Exu Bab'iim! Eu absorvi todo o mistério de que você é portador e tornei-me insensível às suas irradiações. Agora vou apossar-me de seu Bab'iim Simbólico, e derrubarei seu cósmico Bab'iim Mehór. Aí me apossarei do mistério do trono ocupado por ele, hi, hi, hi, hi...

No mesmo instante, Guido sentiu que um cordão energético ligou o Bab'iim do ser caído ao seu e começou a inundar seu sétimo sentido de energias tão doloridas que começou a urrar de dor.

Os dois guardiões da luz tentaram ajudá-lo mas, nada conseguindo, sacaram suas espadas encantadas e direcionaram contra a criatura as energias irradiantes delas. Mas a criatura simplesmente plasmou uma lâmina igual à que Guido plasmava, e o fogo que saía da lâmina dela consumia as irradiações positivas das lâminas deles.

Guido, num último esforço, focou os olhos do templário com sua poderosa visão e pediu:

— Deixe-me assumir seu mental, templário; através de você eu destruo este verme antinatural!

No instante seguinte, o que aconteceu não podemos descrever. Mas realmente Guido, recorrendo aos mistérios que o templário trazia em si mesmo, anulou aquele ser e o explodiu em poeira cósmica, assim como anulou toda a dor que ele havia lhe transmitido.

Recorrendo ainda aos mistérios do templário, reconduziu aquele trono até seu lugar de origem e sobre ele depositou seu Bab'iim Simbólico, tornando-se um mistério em si mesmo, como havia lhe prometido o Bab'iim Mehór.

Durante todo o tempo que isto durou, o templário permaneceu inconsciente, pois Guido o havia hipnotizado.

Felipe debatia-se sem nada perceber à sua volta.

Assim, só o poeta Dante Alighieri viu o que acontecera, e foi instado pelo Bab'iim Mehór a jurar pela lei do silêncio que a tudo ocultaria. E o mesmo foi exigido do Exu Bab'iim.

Quando o templário recuperou a consciência, perguntou:

— O que houve? Morremos mais uma vez?

— Acho que não, templário. Olhe para a sua direita e conhecerá o Bab'iim Mehór, senhor do Exu Bab'iim — pediu o poeta.

O templário olhou e abaixou-se reverente, saudando-o.

— Levante-se, templário.

— Sim senhor, Bab'iim Mehór.

— O Exu Bab'iim, meu Mehí Mahar humano, recorrendo aos mistérios aos quais estás ligado, anulou para todo o sempre aquele caído antinatural que vinha atuando contra as encantadas de tua senhora na Luz, e de outras senhoras também.

— Fico feliz, Bab'iim Mehór. A missão a nós confiada completou-se.

— Sim. Mas uma outra vou confiar a você. E ela começa aqui com você absorvendo o trono energético regente deste degrau cósmico.

— Eu... não posso, Bab'iim Mehór!

— O Exu Bab'iim tornou-o apto a absorvê-lo, pois usou dos seus mistérios para anular o ser antinatural que era o natural e ancestral senhor desse trono. Assim, o seu mistério, ao anulá-lo e destruí-lo, absorveu todos os mistérios desse Trono. Bastará você assentar-se nele que o absorverá naturalmente, templário. E ele irá assentar-se à esquerda dos seus mistérios.

— Com isto, todos os meus mistérios negativos ou cósmicos também serão influenciados pelos mistérios desse degrau, Bab'iim Mehór. O que me ordena transcende minha capacidade humana de ordenação das coisas.

— Todo ser humano tem duas capacidades, templário. Uma é a humana. Mas a outra é sua essência divina que em níveis limitados aos espíritos humanos, torna-o apto a assumir compromissos cósmicos ou universais, pois traz em si esta dupla polaridade.

— Onde isto me levará, Bab'iim Mehór?

— Assumindo-o em nome da Lei Maior, deixe que Ela faça Ele fluir naturalmente em sua vida, e num mistério da própria vida um dia haverá de tornar-se em si mesmo, pois encerrará em si mesmo o Trono regente do cósmico degrau da fertilidade.

No sétimo sentido ele fertiliza a sexualidade,
No sexto sentido ele fertiliza a evolução,
No quinto sentido ele fertiliza a lei,
No quarto sentido ele fertiliza a razão,
No terceiro sentido ele fertiliza o conhecimento,
No segundo sentido ele fertiliza a concepção.

No primeiro sentido ele fertiliza a própria vida, anulando a essência que conduz um ser à morte dos sentidos.

— Eu...
— Teme sucumbir ante tão virtuoso e poderoso mistério, templário?
— Sim, senhor.
— Eu compreendo seu temor, templário. Mas se isto servir para tranquilizá-lo, o cetro simbólico que está sobre este trono, conservarei em minha mão esquerda até o dia em que venhas a sentir-se apto a vir recolhê-lo. Com isto o sustentarei todo o tempo, impedindo que qualquer negativismo venha a se instalar no seu Bab'iim natural humanizado no seu corpo elementar básico. Isto facilitará a missão que só você poderá realizar.
— Se o senhor diz isto, então que assim seja.
— Recolha o Bab'iim Simbólico sobre o trono, templário. Em minha mão esquerda ele estará seguro até que aqui você, conscientizado do bem que é este trono, venha recolhê-lo e usá-lo com sabedoria.
— Sim, senhor.

O templário fez o que lhe havia sido ordenado, e quando se assentou no trono regente do colossal degrau, todo o degrau foi absorvido por ele, que, de tão poderoso que era, diluiu toda a sua vestimenta templária, deixando-o nu.

— Droga fiquei igual ao Exu Bab'iim, exclamou o templário. Ao olhar-se quando toda a absorção terminou:
— Não tanto. Você ainda ostenta todo o seu corpo espiritual, templário. Bastará plasmar novamente sua vestimenta energética e ninguém notara tão grande semelhança.
— Alguém, ou melhor, algumas notarão, Bab'iim Mehór.
— Se elas não aprovarem certas mudanças, eu, daqui mesmo, darei ao seu Bab'iim a aparência que as aquietará. Mas esperemos para ver o que acontecerá e como reagirão. Está bem?

Já se cobrindo novamente com sua veste templária, ele concordou e perguntou:
— Qual é a missão, Bab'iim Mehór?
— Irás recolher todos os tronos-graus desse degrau cósmico e absorvê-lo assim que estiverem diante de teus olhos.
— Como farei isto?

— Estenderás tua mão esquerda e, naturalmente, eles, serão absorvidos. Daí em diante nenhum espírito humano recorrerá a eles para atingirem a quem quer que seja. És portador de uma missão divina, templário. Honre-a como tens honrado esta cruz viva em teu peito!
— Sim, senhor.
O celestial Bab'iim Mehór, então, ordenou:
— Exu Bab'iim conduza estes servos da Lei na Luz, assim como teu Exu Ar'iim até os domínios de tua senhora cósmica que ela curará teu mais novo auxiliar num instante.
— Sim, senhor, meu senhor. Com sua licença!

☙ ✝ ✝ ✝ ✝ ✝ ✝ ✝ ❧

No instante seguinte, já nos domínios do lado negativo do ponto de forças naturais regido pelo mistério Oxum das Sete Pedras, Felipe foi reequilibrado pela regente cósmica dele, que também o aceitou como Exu Ar'iim do Exu Bab'iim, e teria a liberdade de assentar-se ali.

Mais tarde, já de volta ao mesmo lugar onde haviam dado início a todos aqueles acontecimentos, o templário perguntou:
— Poeta, o que aconteceu durante o tempo em que fiquei sob o domínio mental do Exu Bab'iim?
— Nada posso comentar, templário. É um mistério regido pela lei do silêncio.
— Você, Papa devasso — perguntou o templário — Você pode dizer-me algo?
— Não, Bab'iim templário. O silêncio é a lei.
— Você deve ter visto algo e me conduziu até aquele Trono da Fertilidade. O que você havia visto em mim que depois se calou?
— Ouça uma coisa, Bab'iim templário: eu não vou comentar nada do que vi ou deixei de ver. E acho que devia proceder do mesmo jeito.
— Como silenciar se este meu Bab'iim envergonhou-me diante de sua cósmica senhora?
— Por que você se envergonhou se ela o aprovou e até se sentiu envaidecida com tão natural manifestação de um mistério?
— Natural? Isto não é nada natural num ser humano. Sabias?
— Você não a apreciou?
— Só olhei de relance, pois quando percebi seu mistério, desviei os olhos.
— Aí está. Você tem de se acostumar, pois isto acontecerá frequentemente, Bab'iim templário. Só não vá proceder como eu, que agi como uma besta humana e anulei o sétimo sentido de minhas auxiliares. Hei!!! Você pode fazer algo por mim!
— Nada disso. Nem pense numa coisa dessas...
— Você faz isto por elas e eu o auxilio no resgate de seus filhos caídos, Bab'iim templário.

— O que sabe sobre eles?

— Mais do que você imagina. E se você curar minhas auxiliares, eu auxiliarei seus filhos caídos em domínios das trevas... e os colocarei sob a regência dos senhores orixás.

— Bom...

— Ouça, só quero que você, com seu Bab'iim Simbólico luminoso, desperte nelas o desejo. O resto pode deixar que eu realizo.

— Por que você, que agora é um mistério Bab'iim em si mesmo, não faz isto?

— Estou proibido de fazer isto. Só posso dar a elas o que elas desejarem de mim, e isto elas não desejam. Se eu tentar algo nesse sentido, a dor voltará a latejar no íntimo delas.

— Entendo. Só despertar o desejo, certo?

— Claro. Ou acha que vou querer perdê-las para você?

— Tudo bem. Vamos até onde elas estão e faço isto por você, Exu Bab'iim!

— Não se arrependerá disso, Bab'iim templário. Um dia, recordarar-se-á do que por mim faz agora, mas será com um sorriso nos lábios. Quem ajuda um Exu a reparar seus erros jamais será esquecido por ele, e sempre será lembrado com um sorriso nos lábios. Já quem prejudica um Exu nunca será esquecido. Mas só será lembrado com um ranger de dentes. Nunca se esqueça disso, Bab'iim templário.

— Você assumiu mesmo seu mistério, Exu Bab'iim.

— Ao contrário. Ele assumiu-me, Bab'iim templário!

— Compreendo. Vamos logo, pois temos de retornar ao trono da nossa Senhora na Luz e prestar contas dos últimos acontecimentos.

— Só você irá, templário. Eu ainda não realizei o que prometi ao Exu Bab'iim — falou o poeta.

— Mas se a fonte das perturbações cessou, ela agora já não está incomodada.

— Promessa é dívida, templário. E prometi isto a ele. Você me justificará perante nossa regente.

— Poeta, você está ocultando algo. O que é?

— Só estou preocupado, irmão. Afinal, a parte mais difícil ficou para mim, não?

— Nem tanto...

— Isto para você pode até se mostrar fácil, pois sempre se saiu bem nos seus envolvimentos sentimentais. Mas eu ainda trago bem vivas as recordações do amor por uma criatura encantada.

— É, você sofreu sim. Mas creio que com esta encantada só colherá alegria e muito amor.

— Você sente isto, irmão?

— Sinto.

— Não está dizendo isto só para me animar, não é?

— Claro que não. Até vibro para que tudo entre vocês aconteça naturalmente. Se eu pudesse fazer algo para lhe facilitar as coisas, eu faria.

— Abrace-me e deseje-me amor, muito amor, irmão amado.

— Por Deus, é claro que lhe desejo isto, poeta! — exclamou o templário, abraçando-o forte e inundando-o com sua luz e seu amor, que fizeram com que um rejuvenescimento natural acontecesse ao poeta. Este, vendo-se e sentindo-se leve, muito leve, exclamou:

— Irmão, você curou minhas mágoas do amor não vivenciado! Que Deus o abençoe! A luz que irradiou-me foi tão itensa que desfez minha velha vestimenta. Hei! Por que fez isto com meu...

— Eu não fiz nada, poeta. Acho que foi só anular as mágoas que o aniquilavam para que tudo isto acontecesse em seu corpo espiritual, que nada mais é que um reflexo do nosso íntimo.

— É, acho que é isto mesmo.

— Então plasme uma veste mais jovial e de acordo com seu íntimo radiante, ostente esta sua espada de Mehí das Sete Cachoeiras e vá ao encontro de sua nova fonte de inspirações, poeta da vida, da lei e do amor. Fêmeas encantadas apreciam espíritos como você, e tudo fazem para encantá-los em todos os sentidos.

— Acho até que vou compor um poema para ela.

— Não, não e não.

— Por que não?

— Encantadas é que gostam de compô-los, poeta.

— Por quê?

— Porque aí, num encanto de poemas eles soam aos nossos ouvidos humanos. Deixe tudo fluir naturalmente, e no futuro dirá se estou certo ou não.

— Está certo. Você me justifica para a nossa Senhora?

— Claro. Não se apresse, pois se algo surgir para fazermos, recorrerei ao nosso irmão Exu Bab'iim que, prazerosamente, isto fará por você enquanto encanta o polo positivo feminino do X da vida dele.

— Espere aí! — exclamou o Exu Bab'iim — Ele deverá humanizá-la, não encantá-la!

— Não seja tolo, irmão Exu Bab'iim. Você já viu criatura mais encantadora que uma encantada humanizada?

— O que você está insinuando?

— Venha, vamos humanizar suas auxiliares e aí descobrirá do que estou falando.

— Você já humanizou alguma encantada, Bab'iim templário?

— Claro. Três para ser exato! Ou como acha que me liguei ao Trono das Sete Cachoeiras?

— Você as humanizou ou foi encantado por elas?

— Isto importa realmente, irmão Exu Bab'iim?

— É, acho que não, irmão Bab'iim templário. Vamos, quero comprovar se está certo.

— Nestes assuntos nunca erro.

Após dar uma olhada no poeta, o Exu Bab'iim concordou:

— É, nestas coisas você até hoje não errou... para nossa sorte, não é mesmo, Bab'iim poeta?

— Sorte a nossa, irmão Exu Bab'iim. Até mais, irmãos!

O poeta desapareceu, indo ao encontro de um novo amor encantado, enquanto o templário, após mentalizar um pouco, ordenou:

— Pode ir até suas auxiliares, pois já irradiei nelas o desejo por você, Exu Bab'iim. Não falhe desta vez, senão será odiado por elas.

— Odiado?

— Claro. Errar uma vez é humano. Mas duas, no mesmo sentido e com as mesmas criaturas, aí já é burrice... e merece uma punição humana.

— Nem me fale em punição humana.

— Por quê?

— Não existe punição humana. Todas elas são desumanas, Bab'iim templário.

— Ouça, eu não quero ser chamado de Bab'iim. Só templário é o bastante, certo?

— Que seja como deseja, templário... Bab'iim.

— Não dá para deixar o Bab'iim de fora ao dirigir-se a mim? Chame-me só de templário, ou de irmão templário, certo?

— Não consigo ocultar seu grau. É um procedimento antinatural para nós, os Exus.

— Tudo bem. Mas não se esqueça dos meus filhos caídos.

— Pode deixar. Logo serão meus exus Ar'iim. Já apontei meu mistério na direção deles, e é só uma questão de tempo para eles virem até mim. Tudo acontecerá naturalmente, entende?

— Claro. Até a vista, Exu Bab'iim!

— Até, irmão templário... Bab'iim.

— Ahhh... deixa estar... Guido! — exclamou o templário, desaparecendo e deixando Guido a rir.

☙ ✝ ✝ ✝ ✝ ✝ ✝ ✝ ❧

O fato é que Guido, só irradiando seu Bab'iin simólico, curou as deformações que havia provocado em suas auxiliares e proporcionou-lhes o mais extasiante dos êxtase que as humanizou de uma vez. E comprovou que o templário tinha razão, pois nunca antes havia visto "fêmeas" tão lindas, exuberantes e radiantes. E encantado pelo encanto delas, ele foi.

Só que ele não revelara ao templário que havia criado em sua mente uma fonte de energias que, quando ativadas, cobriam seu esqueleto e o deixavam com uma aparência tão humana quanto a dele, o templário.

Isto ele não havia revelado. E assim que "curou" suas auxiliares, recolheu-as de volta, e o velho e já conhecido esqueleto humano voltou a ficar visível. Aí gargalhou feliz... enquanto dizia para si mesmo:

— Ser um Exu humano é mil vezes melhor que ser um Papa desumano, há, há, há... Se você souber que abri em mim uma fonte que gera energias humanas iguais as suas, não irá gostar, Bab'iim templário! Há, há, há....

Longe dali o templário murmurou:

— Tens razão, Exu espertalhão. Mas para compensar-me dessa apropriação indébita, apropriei-me dessa tua visão excepcional que tanto vê o alto quanto o embaixo, assim como as dimensões extra-humanas, há, há, há... E caso você se exceda ou use mal este mistério, não tenha dúvidas de que o executarei, pois não tolero canalhas que maltratam fêmeas, sejam elas naturais ou humanas. Escapou de ser punido como Papa, mas...

Guido, já com a consciência livre da cobrança por ter magoado suas auxiliares, traçou um plano para punir Hassan sem contrariar a lei dos mistérios dos Exus, pois um nunca pode atingir outro se isto não lhe for ordenado por algum regente natural.

Depois de muito meditar, decidiu-se por uma das várias alternativas. Então contemplou tudo o que estava envolvido nas várias etapas de seu plano de ação e ativou seu Bab'iim Simbólico!

Enquanto Exu Bab'iim continuava absorto na contemplação e compreensão de fontes de energias (mistérios em si mesmos), o templário comunicava à sua senhora na luz o que havia acontecido, mas que de uma parte ele nada sabia, que havia solucionado o problema da perseguição às suas filhas naturais.

— Agiram bem, filho meu. Quando reencontrar Exu Bab'iim, dê-lhe isto e diga que é um presente meu, a senhora do Mistério das Sete Cachoeiras.

O templário recolheu o "presente" e pediu licença para retirar-se, mas ela ordenou-lhe uma nova missão:

— Você irá resgatar um trono caído sob domínios humanos negativos, filho meu.

— Que trono é, minha Senhora?

— O trono Dab'iim Mahor yê.

— Dab'iim Mahór yê? Quais os domínios dele, senhora?

— Vai até minha filha natural Iim Dab Iá que saberá tudo sobre ele.

— Com sua licença!

O templário seguiu até o Trono da senhora Oxum Iim Dab Iá, e no instante seguinte, já estava ajoelhado diante da majestosa senhora do Mistério da Sétima Cachoeira.

Após saudá-la, pedir sua bênção e por ela ser abençoado, ao templário foi ordenado que se levantasse.

— Mas minha senhora, eu tenho por dever manter-me curvado diante do seu trono!

— Eu sou a senhora desse trono, Bab'iim templário. Logo, este Trono sou eu... que estou ordenando que levante-se e aproxime-se.

— Sim, senhora, minha senhora — Assentiu o templário, levantando-se e avançando alguns passos na direção do majestoso Trono Oxum Iim Dab Iá, o Trono regente do sétimo degrau do Trono Celestial Oxum das Cachoeiras, uma das Oxuns naturais.

— Aproxime-se mais, Bab'iim templário — ordenou ela.

— Minha senhora permita-me permanecer aqui antes que sua divina luz desagregue minhas vestimentas energéticas.

— É isto que o incomoda, Bab'iim templário?

— Não, senhora — respondeu ele, num fio de voz, e desviando seus já lacrimosos olhos dos dela, muito luminosas, irradiantes e penetrantes.

— Sente-se envergonhado e eu o compreendo, Bab'iim templário.

— Sinto-me envergonhado e já não me compreendo, minha senhora. Creio que fui possuído por um mistério das trevas quando cedi minha consciência ao Exu Bab'iim.

— Quem estava guiando o Exu Bab'iim era o Bab'iim Mehór. Mas quem estava guiando o Bab'iim Mehór, o Exu Bab'iim, você e o Bab'iim "poeta" era Mehór yê, Bab'iim templário.

— Mehór yê!? O Guardião Cósmico tão temido por todos?

— Bab'iim Mehór guarda os atributos ou aspectos naturais de magnetismo negativo atinentes à fertilidade masculina. Mas Mehór yê guarda todo o negativo, seja ele humano, natural ou elemental, e com isto estou dizendo que ele o está guiando, Bab'iim templário.

— Oiá-Fem Mehór iim Yê está guiando-me, minha senhora?

— Sim, Bab'iim templário. Mehór yê é o sétimo guardião cósmico do divino Iór Hesh yê, e nas trevas humanas ele guarda todos os domínios negativos regidos pelo sétimo sentido da vida.

— Para onde, minha senhora?

— Numa direção que o tornará apto a adentrar nos domínios negativos do polo oposto feminino dele, que são regidos pela guardiã cósmica do sétimo sentido da vida: Mahór yê!

— Por que, minha senhora?

— Isto é um mistério, Bab'iim templário. Só o tempo irá revelá-lo a você. Aproxime-se para que eu possa tocar seu Bab'iim Simbólico com minha Dab'iim Simbólica.

— Eu... por favor... uma explosão desconhecida e incontrolável está prestes a ocorrer. Libere-se, por favor!

— Assim que eu tocá-lo com minha Dab'iim Simbólica, toda a energia acumulada nele será absorvida, e se sentirá melhor. Vamos, aproxime-se.

O templário aproximou-se e, assim que ela o tocou com sua Dab'iim Simbólica, realmente uma poderosa descarga aconteceu, aliviando-o de um incômodo que já durava desde que havia absorvido aquele degrau de Bab'iim Mehór. Então ela perguntou-lhe:

— Como está sentindo-se, Bab'iim templário?

— Agora sinto-me... melhor, minha senhora.

— Quando deixar de senti-lo assim, melhor, venha até aqui que em minha Dab'iim Simbólica o descarregará, Bab'iim templário.
— Isto voltará a acontecer?
— Voltará sim.
— Por quê? O que fiz de errado para ser punido por este tormento?
— Isto não é um tormento, meu filho.
— Para mim é, minha senhora.
— Dê tempo ao tempo e todo o mistério que absorveres dominarás conscientemente, humanizando-o também. Mas toma cuidado de agora em diante quando adentrares nas trevas humanas para cumprir a missão que Bab'iim Mehór confiou-te. Mentais humanos petrificados no tempo e possuídos por fúrias desumanas tentarão apossar-se do teu mental para, de posse dele, poderem abrir tua memória superior, e assim subtraírem de você os mistérios do degrau absorvido.
— Por que tentarão isto?
— Isto eles vêm tentando já há muito tempo, Bab'iim templário.
— Por quê?
— Você é portador do polo positivo regido pelo mistério Bab'iim Iór Hesh yê.
— O que isto significa, minha senhora?
— Só o tempo poderá revelar-lhe este mistério, Bab'iim templário.
— São tantos mistérios, que estou muito confuso.
— Nem tanto, Bab'iim templário. Apenas Mahór yê pousou sua visão cósmica em você assim que o Exu Bab'iim abriu seu subconsciente e liberou as energias do mistério natural de que és portador. Ele só se fechará quando você, conscientemente, estiver apto a fechá-lo ou abri-lo sempre que for necessário. Por isto, em caso de sentir-se incomodado, venha até mim que o descarregarei com minha Dab'iim Simbólica natural. Não deixe que sua vergonha humana o prive da paz, tão necessária a você de agora em diante, servo da Lei e da Vida.
— Meu Deus, já estou novamente incomodado... e nem pensei em nada disso, não sei como isto acontece.
— Eu sei, Bab'iim templário. Neutralize seu Bab'iim Simbólico que o cobrirei com uma aura energética mineral que não será desfeita pelos mistérios cósmicos, e também impedirá que alguém veja seu Bab'iim natural humanizado.
— Como faço para neutralizá-lo?
— Assim! — falou ela, apontando para baixo e cobrindo-o com uma aura energética mineral que o protegia dos olhos ou mistérios alheios. A seguir ele cobriu-se com sua veste templária e perguntou:
— Qual é minha missão, minha senhora?
— Irás resgatar um trono negativo pertencente a uma hierarquia do Trono de Dab'iim Mahór. Mas acautele-se, pois quem está ocupando-o atualmente é uma encantada que foi humanizada há milhares de anos como

uma "deusa" da fecundidade feminina. Mas, por causa da ignorância humana, o culto à fertilidade feminina profanizou-se e numa deusa desumana ela tornou-se, pois não resistiu a tantos atos desumanos cometidos em seu nome.

— O mesmo que certos "cristãos" fazem em nome do meu senhor Jesus Cristo?

— Sim, mas em outro sentido da vida, pois ele é um Trono da Fé que foi humanizado, enquanto ela é um Trono Cósmico da concepção. E ela odeia Bab's, templário. Todos os Bab's!

— Foi por isto que cobriu o meu Bab com esta aura mineral?

— Isto mesmo. ela não conseguirá ver nada coberto por esta aura. Assim não despertarás a ira dela.

— Sim, senhora. Com sua licença.

— Faça o que tem de ser feito: humanize-a, Bab'iim templário.

— Humanizá-la?

— Isto mesmo. Humanize-a e depois reconduza-a ao ponto de forças regido por Dab'iim Mahór yê.

— Como chegarei a este ponto de forças?

— Ela o atrairá até ele. Agora vá realizar sua missão, Bab'iim templário.

— Com sua licença, minha senhora.

☙ ✟✟✟✟✟✟ ❧

O templário volitou rumo ao meio material e logo localizou o lugar onde no passado existira um templo dedicado a tal "deusa" da fecundidade: a antiga Cartago!

Ele acomodou-se numa ruína muito antiga e recorreu à sua nova visão, aberta pelo Exu Bab'iim. E pouco a pouco foi expandindo-a até alcançar o tempo quando ela havia sido cultuada ali.

Quando conseguiu abarcar visualmente o templo, deparou-se com o horror dos rituais de sacrifícios sangrentos realizados a ela, uma deusa da fecundidade, que só terminaram com a destruição de Cartago pelos romanos.

O templário, dominando o processo de regressão visual, começou a voltar no tempo. Vários milênios recuou até chegar à origem do culto a ela, a deusa.

No princípio não havia sacrifícios, mas tão somente oferendas rituais realizadas periodicamente em homenagem à deusa que tornava aquela região muito agradável de se viver, muito farta em alimentos e muito próspera comercialmente.

Ele identificou as ligações estabelecidas pelo seu trono energético com os espíritos que ali encarnavam, assim como com os seus graus-tronos encarnados para fortalecerem o seu culto, puro em sua origem, mas decaindo no negativismo com o passar dos séculos.

E quando as origens puras foram anuladas completamente por sucessivas invasões de povos conquistadores, os rituais com sacrifícios começaram a atingir o próprio trono cósmico Dab'iim Mehór yê, que rompeu o cordão energético que sustentava o degrau cujo trono regente era a "deusa". E ela fora arrastada com seu trono e degrau para as esferas negativas humanas, onde, com todo o negativismo acumulado no seu trono energético cósmico, veio a assentar-se, e passou a atuar como uma punidora dos espíritos negativados por práticas e rituais profanos, antinaturais e desumanizadores.

Depois de algum tempo ali, o templário já havia se inteirado de tudo o que acontecera com aquela "deusa" humanizada mas que, devido à ignorância humana, havia se tornado desumana com o decorrer do tempo.

Quando se deu por satisfeito com o que havia visto e deduzido, começou a meditar sobre as outras religiões, tanto as naturais regidas pelos tronos celestiais naturais quanto as mentalistas.

Tanto umas quanto as outras, todas em seus inícios haviam sido puras e purificadoras. Mas devido à ignorância humana, procedimentos desumanos desvirtuam-nas e as tornam fáceis de serem manipuladas ao bel-prazer dos poderosos que dominam as massas humanas e as induz a profanizarem as coisas divinas.

Os seres humanos, em vez de verem nas divindades um ideal a ser alcançado pelo meio material, invertem o sentido das coisas e as usam para alcançarem seus objetivos materialistas.

O templário passou muito tempo refletindo sobre este aspecto da religiosidade humana antes de decidir-se a direcionar sua visão para o trono energético do degrau caído. E quando o fez assustou-se com o que viu assentado nele: uma criatura totalmente deformada devido ao imensurável negativismo acumulado por milênios naquele Trono Energético.

— Meu Deus! — exclamou ele, com a visão fixada na criatura — Como ela se deformou! Creio que está tão sobrecarregada de negativismo que perdeu o senso das coisas e se guia pelo instinto de sobrevivência.

Após estudá-la por algum tempo, voltou sua visão para o trono e começou a estudá-lo demoradamente, descobrindo suas ligações energéticas através dos cordões que dele saíam.

Todos terminavam em "tronos fálicos" caídos nas trevas humanas, e estavam ligados ao seu Bab'iim. Esta descoberta o arrepiou todo, quase o lançando num desequilíbrio emocional. Mas recorrendo ao seu mental, readquiriu seu equilíbrio e deu início à absorção dos Tronos da Fertilidade.

De fato, tal como havia lhe dito o Bab'iim Mehór, primeiro ele fixava sua visão no símbolo que encimava o trono, e, depois de abarcá-lo visualmente, estendia sua mão esquerda e o absorvia, deixando estatelado no solo quem estava assentado nele.

Quando recolheu todos, voltou sua visão para seu Bab'iim Simbólico e viu um denso cordão unindo-o ao símbolo que encimava o trono que a "deusa" ocupava. E viu que ele enviava um fluxo energético altamente negativo que causava a sensação de insatisfação. Decidiu-se ir ao trono caído e humanizar a tal deusa, desumanizada em todos os sentidos.

Chegando diante do trono, mas mantendo-se a uma distância prudente, recorreu a todo seu poder mental e começou a ligar-se mentalmente àquela estranha e assustadora "criatura".

Quando finalmente estabeleceu uma ligação mental em todos os sentidos, deu início ao envio de vibrações energéticas e magneticas poderosíssimas e virtualizadoras que fizeram ela sentir-se incomodada naquele trono cósmico.

Pouco a pouco foi subjugando-a e anulando o desequilíbrio emocional que dela se apossara.

Repetir aqui tudo o que o templário "falou" mentalmente a ela daria um "Livro da Fé", pois como cristão templário, era movido pelo dom da fé e do amor, que fluíam através dele naturalmente.

O fato é que por um período de tempo que durou vários dias ele atuou mentalmente sobre o emocional dela até que os primeiros resultados começaram a aparecer: várias deformações que ela ostentava começaram a ser anuladas.

E quando ele conseguia fechar as fontes mentais geradoras de vibrações desequilibradas ela se acalmava no trono.

Mas algo impedia uma recuperação mais rápida, e ele buscou a razão no corpo energético dela até encontrá-la: um escuro cordão vindo de algum lugar chegava até ela e a inundava de energias desequilibradoras tanto do emocional quanto do mental.

— Não adianta nada fortalecer o mental dela se de algum lugar chegam-lhe fluxos energéticos altamente negativos. Tenho de anular esta fonte ou não a reequilibrarei nunca! — pensou ele.

Com atenção redobrada, seguiu aquele cordão até alcançar quem estava na outra ponta, e chegou a um enorme Bab'iim Simbólico, que encimava um colossal trono totalmente negativado.

— Este aí deve ser algum trono fálico desumanizado, pois tornaram o ocupante dele num ser bestial — pensou novamente.

Mas, ao estudar todo o colossal trono energético descobriu que quem o ocupava não era seu verdadeiro senhor. E a criatura só se sustentava nele porque o cetro fálico que portava, periodicamente irradiava para aquela criatura na sua frente.

— Bem, só humanizarei esta criatura se cortar o fluxo energético que lhe chega daquele trono, que sobrecarrega-se nesta infeliz criatura. Aí está a resposta ao que deve ter acontecido: aquele espírito caído deve ter sido alguém que desumanizou-se sexualmente e foi possuído por alguma das tais fúrias dos infernos! Bom, se ele foi possuído por ela, é problema dele. Eu tenho de cumprir minha missão, fazendo o que tem de ser feito, segundo minha senhora Iim Dab Ia. Portanto, vou privá-lo do Bab'iim Simbólico e romper o fluxo energético que desequilibra esta infeliz criatura, vítima da ignorância humana.

O templário foi envolvendo visualmente o cetro simbólico e, quando se apossou dele por completo, mentalmente o puxou até que chegasse à sua mão esquerda. Mas, mal o segurou, e o cetro simbólico começou a ser absorvido, desaparecendo numa fração de segundos. Assustado, voltou sua visão até a criatura assentada no trono fálico, e já não a viu mais. O trono estava completamente vazio!

Assim como o fluxo que saía do seu símbolo identificador e chegava até a infeliz deusa também havia sido interrompido.

— Bom, acho que já posso concluir a humanização desta infeliz — pensou ele, voltando a atuar mentalmente sobre ela.

Daí em diante ele obteve resultados altamente positivos, pois ela foi sendo anulada emocionalmente e reequilibrada racionalmente, chegando a um ponto que, mesmo não possuindo luz alguma, tornara-se de uma beleza natural única.

O templário dominou-a mentalmente e com tanta intensidade, que chegou um momento em que ela o identificou e, deixando o trono, caminhou em sua direção lentamente.

Quando ficou bem na frente dele, ela perguntou:

— Quem é você?

— Sou um irmão seu que veio até aqui para libertá-la do desumanismo que havia te possuído amada irmã.

— Você é o meu libertador?

— Recebi uma missão de minha senhora e estou cumprindo-a segundo minha compreensão do que seja a humanização de alguém, ou o humanismo como via evolucionista. Anulei em seu emocional todas as vibrações desumanas que nele haviam se alojado e tornavam-na uma criatura desumana, irmã natural.

— Você não deseja possuir-me também?

— Eu, possuí-la?!

— Sim, pois todos os machos humanos têm tentado possuir-me há tanto tempo que já nem me lembro de tudo o que fiz para anulá-los antes que se apossassem do meu trono e mistério.

— Não, eu não quero possuí-la, irmã natural. E em nome de todos os espíritos desumanos, peço-lhe perdão por ter sofrido tantos tormentos durante tanto tempo.

— Eu perdoá-los? Como perdoar espíritos tão cruéis?

— Não os vejo assim, irmã. São apenas espíritos humanos desequilibrados emocionalmente que, possuídos pela ignorância humana sobre os procedimentos religiosos e também sobre os processos naturais, cometem erros indesculpáveis, mas não imperdoáveis.

— O que fizeram comigo e contra tudo o que eu simbolizava é imperdoável, irmão humanizado!

— Irmã natural, temos que ser fortes, muito fortes, caso desejemos uma recuperação plena em nosso emocional. E o perdão é um sentimento virtuoso muito poderoso que nos predispõe a procurar compreender que seres muito parecidos conosco nos tratem tão desumanamente. O perdão faculta-nos uma descarga emocional única, pois é parte do princípio divino que tenta amparar todos os seres ao mesmo tempo. O perdão é uma manifestação única da centelha divina que anima nossa alma imortal. E, ou perdoamos, ou esta centelha se apaga em nós, irmã querida.

— Eles me atormentaram tanto, irmão humano!

— Eu acredito que sim, irmã amada. Mas tens de compreender que tudo fizeram porque não tinham noção do imenso mal que fizeram contra eles mesmos ao se afastarem das práticas religiosas naturais que os humanizariam naturalmente e se entregaram a práticas que os desumanizaram emocionalmente.

— Você tem o dom de transmitir palavras confortadoras, irmão humano. O que realmente aconteceu comigo?

— É uma longa história, irmã do meu coração. Mas vou dar minha versão dela, baseada no que contemplei sobre o culto religioso semeado no plano material pelas Dabs-graus do seu Trono Cósmico. Ouça tudo com o sentido do perdão alerta e pronta para ir perdoando cada uma das atrocidades cometidas em honra a você, que foi cultuada como uma deusa da fecundidade.

— Disso me lembro, irmão humano. Quero saber o que aconteceu comigo.

— Bom, cada vez que uma atrocidade era cometida, o seu trono energético absorvia energias negativas geradas pelos encarnados atormentados pelas magias negras feitas contra eles em teu nome. E quando o negativismo retornado mais intenso que sua capacidade de anulá-lo mentalmente, você começou a ser desequilibrada emocionalmente e a ser afastada do ponto de forças onde este trono servia, pois era regido por um mistério cósmico denominado de Dab'iim Mahór.

— Ainda me lembro dela, irmão humano. Ela desamparou-me quando mais precisei de sustentação energética e magnética.

— Não, irmã amada. Ela a sustentou enquanto foi possível. Mas, quando sustentar você poderia colocar em desarmonia energética a própria hierarquia de Dab'iim Mahór, a Lei Maior rompeu naturalmente o cordão energético e magnético que mantinha seu trono ligado ao dela. Tudo é uma questão de compreender realmente o que lhe aconteceu. Afinal, você também deveria ter reagido contra os que desvirtuaram o culto realizado em sua homenagem, não?

— Eu tentei, irmão humano.

— Tentar, às vezes, não é o suficiente, irmã. Temos de reagir com a mesma intensidade com que nos atingem. E isto você começou a fazer depois de ter se sentido desamparada pela sua senhora, Bab'iim Mahór. Só então você começou a punir os espíritos caídos no negativismo humano. E você estava tão desequilibrada emocionalmente que em vez de descarregá-los racionalmente, atingiu-os com intenso emocionalismo. Você anulou os sexos humanos de todos os espíritos que caíram nos domínios do seu trono, irmã! Agiu tão desumanamente quanto eles. E aos olhos do Divino Criador, uma ação negativa nunca será corrigida se não for com uma ação positiva. Uma ação iniciada no emocional só será anulada com o concurso do racional, ou só a emocionalizaremos ainda mais, pois adicionaremos à emotividade que a anima o nosso também. Aí, bem, perdemos o controle tanto da ação quanto da reação.

— Você entende bem estas coisas, não?

— O suficiente para entender por que o Cristo Redentor, crucificado por homens desumanos, no apogeu de sua agonia clamou ao Pai Divino que perdoasse aqueles que o haviam crucificado, pois eles não tinham a noção do que estavam fazendo.

— Quem foi o Cristo Jesus, irmão humano?

— Bom, até onde me foi revelado por minha senhora Oxum Ma-a-ii-m-hesh yê, ele era um trono natural de Oxalá que foi enviado à carne para nela se humanizar e ensinar aos seres humanos o caminho da redenção espiritual. Ele atraiu tantos espíritos ansiosos por libertarem-se do jugo religioso desumanizador que imperava na terra onde ele se humanizou, que uma ação extremamente emocional foi ativada contra ele a partir do centro político daquela época. Ele foi torturado, humilhado, magoado e ofendido pelos desumanos conquistadores romanos e por seus prepostos locais que os serviam como lacaios entronados pelos cônsules romanos. Tudo isso é história romana e da humanidade, irmã. O fato maior, e que é uma das pedras fundamentais do culto semeado por Ele, o Cristo Jesus, é o perdão, pois Ele, na agonia da crucificação, clamou a Deus que perdoasse seus crucificadores, porque eles não sabiam o que estavam fazendo. Afinal, ele não havia se humanizado para atormentar ninguém, mas tão somente para humanizar os espíritos desequilibrados emocionalmente pelo desumanismo espiritual reinante no meio material humano.

— Eu gostaria de conhecer seu Senhor, o Cristo Jesus, irmão humano.

— Ele não pode ser visto daqui, irmã amada. Mas se permitires que eu te humanize naturalmente, chegará um momento em que Ele, o Cristo Jesus, estará tão vivo em teu coração que irás irradiar através de todos os teus sentidos o imenso amor que Ele irradia a todas as criaturas. E irradiarás a imensa fé que O anima e O faz confiar nos seres humanos, perdoando os excessos emocionais que alguns cometem em nome dele ou da religião que Ele semeou: o Cristianismo.

— Eu aceito você como meu humanizador, irmão da cruz, pois já a vejo em seu peito, onde ela brilha intensamente.
— O Cristo Jesus vive no meu coração, irmã. Por isto, esta cruz brilha tão intensamente!
— Posso tocá-la?
— Só depois que perdoares a todos os que profanizaram os fundamentos sagrados do culto que teus graus-tronos semearam na terra em homenagem à fecundidade das mulheres, dos alimentos, dos animais e da própria terra.
— Eu perdoo, irmão da cruz. Mas também me excedi na reação. Quem irá perdoar-me de tantos erros que cometi?
— Deus te perdoará, irmã amada.
— Deus? É o meu par masculino, pois fui chamada de deusa pelos espíritos humanos?
— Não entendas assim, por favor. Clama a Oxalá e serás perdoada.
A irmã natural clamou por perdão e perdoou. Mas como tudo à sua volta continuou escuro, ela perguntou:
— Ele não me perdoou, irmão da cruz?
— É claro que a perdoou, irmã amada.
— Então, por que uma cruz igual à tua não surgiu no meu peito também se já amo o Cristo Jesus?
— O perdão já foi concedido, irmã. Agora, a partir de suas ações, se elas forem humanizadoras, um forte sentimento irá se acumular em sua alma imortal, e chegará um momento que transbordarás em amor e fé, e a cruz luminosa surgirá naturalmente em teu peito. Mas só com o tempo, compreendes?
— Por que, irmão da cruz?
— Terás de absorver as luminosas vibrações de amor e fé do Cristo Jesus até que sejas uma centelha luminosa irradiadora do imenso humanismo que O anima.
— Isto demorará muito tempo, irmão da cruz?
— Que importa o tempo, se realizar ações virtuosas nos traz tanta satisfação que nos sentimos gratos quando nos é permitido realizá-las em nome do Cristo Jesus ou da celestial Oxum Ma-a-iim-hesh yê?
— Eu sou o polo negativo de uma Oxum, irmão da cruz.
— Eu sei, irmã natural. Devias ter rompido o cordão energético e magnético que ligava teu trono cósmico ao fundamento material assentado no templo consagrado a você assim que seres desequilibrados religiosamente realizaram o primeiro sacrifício humano sobre o altar onde depositavam tuas oferendas rituais.
— Tentei corrigi-los, mas minhas vibrações mentais eram repelidas pelo Bab'iim Ka-hesh, que absorvia daqueles Bab's humanos as vibrações do prazer que eles sentiam quando, após as oferendas, entregaram-se a orgias sexuais em homenagem a mim, a deusa da fertilidade feminina.

— Bab'iim Ka-hesh? Quem é ele?
— É o mais poderoso Bab'iim que já se voltou contra mim e apontou seu Bab simbólico contra minha Dab natural. Ele é tão poderoso que destrói todos os Ar'iim Iór Hesh yê enviados para anulá-lo e destroná-lo.
— Você sabe onde ele está assentado, irmã?
— Sim.
— Pode conduzir-me até o trono dele?
— Eu não vou conduzi-lo à sua dor final, irmão da cruz. Ele é tão poderoso que ligará ao seu Bab algum tormento e apagará sua luminosa cruz. Aí a incendiará com o fogo da destruição que consumirá seu corpo energético e o reduzirá à sua semente original, lançando-o na dor em todos os sentidos.
— Você o teme, irmã amada?
— Sim. Ele atormentou minha Dab natural até você reequilibrar-me e envolver-me na luz do amor que sua cruz está irradiando para mim. Mas ainda sinto-me dolorida.

Só então o templário olhou para a Dab dela e viu como estava deformada devido às poderosas irradiações enviadas contra ela. E dos olhos dele lágrimas correram, pois sentiu dó dela.

Ela perguntou:
— Por que você chora, irmão da cruz?
— De tristeza, irmã amada. Este verme que chamas de Bab'iim Ka-hesh inundou tua Dab com tantas energias negativas que agora teu sétimo sentido da vida encontra-se deformado. Vou ter de puni-lo.
— Você não pode com ele, irmão da cruz.
— Uma centelha acendeu-se em meu íntimo, irmã. E ela aquece meu ser imortal a tal ponto que a lâmina de minha espada templária tornou-se incandescente e só se apagará quando esse tal de Bab'iim Ka-hesh curvar-se diante da lei que ativou minha centelha imortal contra o negativismo que ele espalha nas trevas humanas. Vamos, irmã, conduza-me até o trono ocupado pelo canalha.
— Não vou fazer isto. Não quero vê-lo na dor, irmão da cruz. Não agora que você assumiu meu destino e minha humanização — falou ela, resoluta.
— Está certo. Vou ver como fazer para conduzir este trono até Dab'iim Mahór, e depois te levarei até onde iniciará sua humanização sob o amparo da Santa Cruz.

☙ ✞✞✞✞✞✞✞ ❧

Mas quando o templário tentou visualizar Dab'iim Mahór, o que viu na Dab simbólica daquele trono foi um grosso cordão energético e magnético que inundava todo o trono com um negativismo de polaridade masculina. Seguiu visualmente o cordão e pouco depois localizou a fonte de todo aquele negativismo: o Bab natural de uma criatura incrivelmente bestializada.

— Meu Deus! — exclamou o templário.
— O que aconteceu que o assustou tanto, irmão da cruz?
— Acabei de descobrir Bab'iim Ka-hesh. Eu devia ter seguido todos os cordões energético e magnéticos ligados ao trono que ocupavas, irmã. Só anulando a todos eles este trono será deslocado naturalmente para o ponto de forças cósmicas regido por Dab'iim Mahór.
— Deixe-o aí, irmão da cruz. É muito arriscado tentar anular todas as ligações estabelecidas pelos espíritos caídos nas trevas humanas.
— Recebi uma missão, irmã! E quem a confiou, achou que eu estava apto a realizá-la. Portanto, vou até o fim da minha missão. Vou conduzir você até um abrigo da Santa Cruz sob o amparo da Ordem dos Templários onde iniciarás sua humanização sob o amparo do Cristo Jesus. Depois retornarei aqui e verei como anular este cordão sem arriscar-me.

No instante seguinte, já dentro do abrigo da luz, o templário confiou-a às irmãs de caridade, espírito que davam continuidade aos trabalhos de fundo religioso que haviam realizado no plano material.

Ao se despedir da irmã natural, ela lhe pediu:
— Volte mais luminoso do que és agora, irmão da Cruz. Volte e humanize minha dolorida alma.
— Voltarei, irmã. Mas antes de humanizá-la, estas nossas irmãs a instruirão sobre a doutrina cristã e os princípios divinos que sustentam o cristianismo puro. Esta é nossa irmã Carmem, a madre superior que dirige este abrigo da Santa Cruz. Ouça-a e a respeite-a como a regente deste lugar, está bem?
— Assim ordenas e assim será, meu senhor.
— Até a vista Ar'iim da santa cruz!
Com estas palavras o templário despediu-se dela, que respondeu:
— Até seu retorno, Bab'iim Iór Hesh yê humanizado e humanizador... que já me sustenta com a luz de sua Santa Cruz e o poder de seu Bab'iim.

O templário nada respondeu, mas com uma rápida olhada viu que um cordão dourado unia seu Bab à Dab dela, e que ele absorvia lentamente as energias negativas acumuladas em seu sétimo sentido.

Quando retornou para junto do trono caído nas trevas, voltou sua visão até ela e, ao focalizar sua Dab, viu que um processo de regeneração natural havia se iniciado. O tempo faria o resto, pensou ele, voltando a atenção e visão à Dab simbólica que encimava aquele Trono Cósmico sobrecarregado de negativismo desumanizador.

Ao prestar atenção no que sua visão lhe mostrava, seguiu todas as ligações existentes entre aquele trono e as fontes que o alimentavam e o tornavam tão "pesado".

Pouco a pouco foi estabelecendo todo um emaranhado de ligações que se alimentavam mutuamente, numa simbiose que só terminaria com o recolhimento dos Bab's Simbólicos e a deposição dos espíritos caídos que haviam se assentado nos tronos fálicos sustentadores de processos energéticos e magnéticos naturais mas que, devido ao imenso negativismo neles acumulados, haviam se tornado irradiadores de tormentos desumanizadores.

— Vou começar pelos menos poderosos. Então irei desequilibrando energeticamente os outros, que me parecem perigosos — pensou ele.

De um em um, e sempre muito cauteloso, o templário foi recolhendo com sua mão esquerda os Bab's Simbólicos caídos nas trevas humanas. E cada um que ele recolheu, viu o ocupante do trono correspondente ser expelido por uma descarga energética do próprio trono ou ser reduzido a ovoide por um poderoso fluxo irradiado pelo símbolo fálico que encimava aqueles tronos.

Quando recolheu todos, voltou sua atenção aos seres desumanos assentados mas que não ostentavam os cetros fálicos Simbólicos.

— Estes aí devem ser mistérios em si mesmos, como aquela irmã natural. Talvez seja nesse fato que resida o temor que ela tem deles. Afinal, Exu Bab'iim tornou-se um mistério em si mesmo e não precisa nem de símbolo nem de trono energético para manifestar-se ou irradiar o mistério Bab que nele agora vive — pensou o templário. — Vou estudar estes seres naturais antes de envolver-me com qualquer um deles. Só descobrindo seus pontos fracos terei condições de romper estes cordões energéticos e magnéticos que unem estes tronos e unem eles às fêmeas naturais caídas, mas portadoras de mistérios cósmicos.

Enquanto o templário contemplava atentamente cada detalhe tanto dos tronos quanto de seus ocupantes, Exu Bab'iim distribuía seus Ar'iim e suas auxiliares naturais para atenderem aos muitos pedidos já feitos a ele por M'bala ou M'golo, tido por todos na aldeia como "filho" de Exu Bab'iim.

Já haviam se passado vários meses desde a mudança da tribo para o lugar indicado por ele, e algumas concepções estavam acontecendo, atestando o imenso poder do Exu Bab'iim e de seu "filho" M'golo, que crescia em prestígio a cada concepção confirmada.

Depois de distribuir todos os pedidos de ajuda de M'golo, Guido pensou: "Agora estou livre para cuidar de Hassan. Já sei tudo o que preciso para acabar com a farsa que ele armou só para iludir-me e apossar-se do Mistério das Sete Cruzes que trago em mim mesmo desde minha origem".

Após recolher a veste energética que o cobria, volitou rumo ao trono ocupado por Hassan, onde surgiu aparentando estar extremamente atormentado pela essência que excitava e despertava o desejo.

Hassan, ao vê-lo de volta, foi logo perguntando:

— E aí, Guido! Como foi seu encontro com a divindade senhora daquelas criaturas?

— É uma longa história, Hassan. E não estou em condições sequer de manter-me de pé devido ao meu tormento. Preciso descarregar este acúmulo de energias ou acabarei enlouquecendo. Onde está minha tia Conchetta?

— Agindo assim você irá magoá-la. Olhe só seu sexo como está. Parece até que cresceu ainda mais!

— Nem me diga isto, Hassan. Não quero nem olhar para ele senão enlouqueço em definitivo.

— Eu conheço alguém que pode aliviar em parte o seu tormento, Guido.

— Tens certeza?

— Absoluta.

— Quem é ela? Alguma das fêmeas que guardas só para você?

— Não exatamente. Ela é uma fêmea natural caída nas trevas que é insaciável, pois é animada pela essência que nos deixa assim, excitados.

— Não há perigo em ir até ela?

— Ora, Guido! Você já foi possuído até por fêmeas meio humanas e meio cobras. O que mais existe nas trevas que o assuste?

— Esta excitação, Hassan. Ela me assusta mais que qualquer demônio dos infernos.

— Venha, vou levá-lo até o domínio dela e você poderá aliviar um pouco este acúmulo de energias. Depois me contará tudo o que descobriu da divindade senhora daquelas criaturas.

Hassan deslocou-se com seu trono até os domínios onde iria ajudar Guido, mas o que tinha em mente era o contrário, pois adicionaria mais um tormento ao sexo dele.

Assim que surgiu diante do colossal trono ocupado por uma Senhora natural caída, esta o inquiriu:

— Por que vieste até meus domínios, escravo do desejo?

— Eu vim acompanhar um protegido meu que precisa de tua ajuda, poderosa senhora. Como tens uns débitos para comigo, nada mais justo que pagá-los auxiliando meu amigo a descarregar o enorme acúmulo de energias que bem podes ver, não?

— Qual será o preço que exigirás por ele, escravo do desejo?

— O Guido é um protegido meu. Portanto, após auxiliá-lo, quero-o de volta aos meus domínios. Este é o preço, poderosa senhora. E mais as caídas que ainda não me enviou.

— Ainda não tenho todas, Hassan.

— Levo comigo as que já conseguiu, poderosa senhora. Quando tiver o restante, envie-as para mim.

— Assim farei, escravo do desejo. Recolhe-as e suma dos meus domínios, pois não aprecio sua presença neles, hiena humana.

— Por favor, minha senhora! Sou apenas um réles chacal.

— Hienas, chacais... são todos a mesma raça ruim, Hassan. Suma!

— Assim ordenas e assim farei. Com sua licença, minha senhora.

Enquanto Hassan dialogava com a poderosa senhora caída, Guido, ou melhor, Exu Bab'iim, já havia ativado contra ela todo o poder de seu Bab Simbólico, e esta era a razão de ela ter pressa em ver Hassan longe de seus domínios.

Ela olhou para Guido e gargalhou feliz enquanto se levantava do trono, já vibrando por ter só para si tantas energias sexuais de uma só vez, e acumuladas num só espírito humano que, embora estivesse reduzido a uma caveira, era portador de um poderoso Bab Simbólico.

Possuída por um desejo incontrolável, ela o segurou com uma fúria desmedida, extraindo dele um demorado fluxo de energias que inundaram-na toda, paralisando-a no instante seguinte; e tão intensa foi a paralisação que ela não conseguiu soltar-se dele.

Aí, com ela paralisada, impotente e sem vontade de reagir, ele se apossou do mental dela e a subjugou em todos os sentidos. Então ordenou que voltasse ao trono, assentasse-se nele e ativasse um cordão energético e magnético unindo-o ao trono ocupado por Hassan e descarregando nele aquelas energias paralisantes que anulavam os sétimos sentidos de quem as recebesse.

Pouco depois, um fluxo energético alcançou a pedra rubra do trono ocupado por Hassan, tornando-a de cor cinza, e mais alguns segundos, o Bab dele já as recebia em abundância, paralisando seu sétimo sentido, que adormeceu imediatamente.

Hassan, ao sentir seu Bab ficar murcho e insensível, levou as mãos a ele e o apalpou. A seguir, exclamou:

— Fui punido pela lei!!! Estou impotente!

Guido, que tudo observava com sua poderosa visão, riu entre dentes, já que era uma caveira, e murmurou:

— Agora você ficará aí, safado, pois seus piores inimigos já sabem disso também e já estão se dirigindo aos seus domínios, há, há, há,... Exu Bab'moosh, você que era portador natural do mistério dos desejos irá desejar ser meu Ar'iim daqui a pouco ou não me chamo Exu Bab'iim, há, há, há...

De fato, o tio de Guido, o caído Giuseppe, invadiu os domínios de Hassan com seu exército de cruzados-caveiras, comandados por ele, que estava assentado num trono-grau do Degrau das Sete Cruzes, o mesmo cujo trono regente já estava assentado nos domínios do senhor Omolu.

Vendo-se cercado, e o que era pior, impotente, Hassan já se preparava para o pior... que não veio porque ali também surgiram vários templários-caveiras portando espadas rubras como sangue. Ou seriam espadas rubras de sangue?

E o líder daquele grupo muito mais assustador que o exército do caído monsenhor ordenou:

— Desçam os dois dos tronos que usurparam de seus legítimos donos ou os degolarei com minha espada simbólica ancestral!

— Quem é você, caveira da morte? — Perguntaram Hassan e Giuseppe ao mesmo tempo.

— Quem sou não lhes interessa. Só precisam saber que odeio religiosos caídos, sejam eles cristãos, muçulmanos, judeus, budistas, naturalistas ou de qualquer outra religião, pois no fundo são todos da mesma laia: os ofensores do Criador.

— Suma daqui ou o fulmino imediatamente, caveira da morte! — ordenou Giuseppe.

— Há, há, há... riu-se ele ao ouvir aquilo, para calar-se repentinamente e ordenar aos seus comandados:

— Destruam estes malditos cruzados caídos nos infernos, pois ousaram matar inocentes em nome do Cristo Jesus!

No instante seguinte, a sua legião templária, empunhando espadas rubras e escudos negros com um sol rubro no centro, avançou contra o exército de cruzados-caveiras e teve início um combate infernal bem diante dos olhos do assustado Hassan e do não menos, Giuseppe, que ativou os processos energéticos e magnéticos do trono que ocupava contra o templário-caveira.

As poderosas irradiações, que destruiriam a muitos, atingiram o escudo do templário-caveira e foram anuladas pelo sol rubro, que não só as absorveu como outras energias irradiou, atingindo o trono ocupado por Giuseppe, que ativou de uma só vez todos os poderes daquele poderoso trono-grau do Degrau das Sete Cruzes. Mas aquele escudo também era poderoso e reagiu com a mesma intensidade, equilibrando a luta que estava se desenrolando.

E o templário-caveira começou a verter sangue pelos ossos quando levantou sua espada rubra e berrou:

— Morte aos vermes religiosos que se locupletaram em nome de Deus e de todos os seus servos santificados!

Aquela lâmina rubra começou a verter sangue e Giuseppe apavorou-se ao ver que ela ia golpear seu crânio. Então volitou antes que isto acontecesse, e o trono cessou de irradiar suas poderosas energias.

O templário-caveira gargalhou ao atingir o vazio deixado por Giuseppe. Depois sentenciou:

— Você voltará, verme religioso!... e aí, verterá todo o sangue humano que derramou em nome do Cristo Jesus na lâmina de minha espada animada pela ira da lei que pune os vermes que se nutrem da miséria humana dos crentes religiosos! Há, há, há...

A seguir virou-se para Hassan e ordenou:

— Desça para ser executado com dignidade, cão excomungado pelo profeta... e por todos os outros arcanjos islâmicos!

— Você é cristão e não pode punir-me, verme sanguinário.

— Eu também sou templário, cão excomungado. E um templário na luz sustenta as religiões, sejam elas quais forem; já um templário nas trevas pune os religiosos caídos, sejam eles de que religião forem, pois a única coisa que importa é que se locupletaram em nome do Criador e de seus servos santificados. E você, um sheik muçulmano, não só enriqueceu à custa da exploração de mesquitas, como também invadiu a Ibéria e assassinou dezenas de milhares de inocentes cristãos. Você deve tanto ao profeta quanto ao Cristo Jesus, cão excomungado. E eu sou o cobrador da lei, um dos mais sanguinários que ela já teve a seu serviço! Há, há, há... Desça, cão asqueroso!

— Não pode punir-me, templário da morte. Eu sou Exu Bab'moosh e estou sob o amparo de leis que você desconhece.

— Que leis são estas, cão amaldiçoado pelos desejos da carne?

— Leis naturais, verme que se alimenta do sangue humano.

— Ao inferno com suas leis. Um caído religioso o é em qualquer culto, e você, meus olhos isto veem, é só mais um Exu que agiu como agia quando servia ao Islã e se perdeu. Desça ou o executo aí mesmo!

— Você não pode atacar um Exu, cão cristão!

— É claro que posso. Já explodi todos os que encontrei vagando nas trevas humanas. Só respeito os agregados aos pontos de forças ou incorporados às hierarquias que atuam no meio humano negativo. O que não é seu caso, pois atua em benefício próprio.

Hassan, sem ânimo para reagir, finalmente desceu. E perguntou:

— O que fará comigo, templário da morte?

A resposta veio na forma de uma irradiação que saiu do sol rubro no centro do escudo, que o envolveu numa rede cujos fios energéticos eram rubros e aderentes.

Aquela irradiação aderiu de tal forma que Hassan ficou como que amarrado, e caiu no solo, pois suas energias vitais foram esgotadas no mesmo instante.

Mas também aconteceu o inesperado no plano de Guido, pois um colossal e poderosíssimo trono surgiu às costas do templário-caveira, e, sem que ele tivesse tempo de reagir, foi atingido por uma poderosa irradiação que o lançou no solo, já paralisado.

No instante seguinte um grupo de templários-caveiras cercou o líder caído, impedindo sua destruição total. E um combate terrível teve início entre o trono e o grupo de defensores do líder caído.

À distância e acompanhando tudo atentamente, Guido exclamou:

Infernos, o que saiu errado nos meus tão elaborados planos? Isto não previ!

Como o combate não se decidia, e o templário-caveira caído no solo não reagia, Guido murmurou:

— Se o destruírem de vez, o Bab'iim templário me punirá afastando-se de mim. Preciso agir rápido ou dará tudo errado.

No instante seguinte, Guido surgia ao lado do templário e o tirava da contemplação dos tronos ocupados por seres naturais caídos em seus negativos.

— O que aconteceu, Exu Bab'iim? Perguntou o Bab'iim Templário.

— Problemas urgentes exigem a presença de um guardião da cruz na luz, Bab'iim templário. Eu estava auxiliando seu filho, mas algo saiu errado e agora ele está prestes a ser lançado em sua dor final.

— Qual dos meus filhos ajudavas?

— O chamado Aléssio.

— Aléssio! Meu filho desaparecido escapou dos domínios mais profundos das trevas?

— Eu voltei meu mistério na direção dele e o atraí até os domínios de Hassan, mas tudo que previ não está se realizando, e uma poderosa caveira com chifres surgiu e está pondo tudo a perder. Você já viu caveiras com chifres?

— Não, ainda não. Mas em se tratando das esferas mais densas, tudo é possível, não?

— Vamos, já os localizei.

No instante, os dois surgem bem próximos de onde o combate estava sendo travado. O templário desembainhou sua espada da lei, e o fogo alaranjado que a lâmina dela irradiou assustou a todos, paralisando o combate, pois todos voltaram a atenção para o recém-chegado guardião da Lei na Luz que, com sua espada irradiante, poderia consumir todo o negativismo ali existente, eles próprios inclusive.

— Que ninguém se mova ou ative qualquer processo energético e magnético senão será consumido no mesmo instante pela minha lâmina da Lei, espíritos caídos! — ordenou o templário, já caminhando para perto dos tronos ali assentados e ocupados, pois Giuseppe reassumira o seu e o de Hassan, um auxiliar da caveira com chifres já ocupava.

O templário perguntou a Guido:

— Exu Bab'iim, a quem pertence aquele trono encimado por uma pedra cinzenta?

— Pertence à minha senhora; é um trono-grau de uma das hierarquias do ponto de forças regido pela senhora Oxum das Sete Pedras. Em verdade ela é rubra, mas eu a inundei com energias paralisantes dos desejos. Este trono é um grau do Degrau dos Desejos. É seu polo +-, Bab'iim templário!

— Aquela caveira que o ocupa agora é o grau natural dele?

— Não, Bab'iim templário.

Após ouvir isto, ordenou:

— Irmão caído, desça deste trono senão o fogo de minha lâmina chegará até você e o consumirá. E nem pense em reagir!

— Eu, reagir? Estou me sentindo paralisado desde que me assentei neste trono, guardião da Santa Cruz.

— Quem é você, irmão caído?

— Hoje não sou nada mais que o que vedes. Mas já fui um grande guerreiro. Meu nome é Gino.

— Desça e posicione-se à minha esquerda, Gino.

A seguir o templário perguntou a Guido:

— O ocupante daquele trono Guardião do Cruzeiro Sagrado é seu regente natural, Exu Bab'iim?

— Não, Bab'iim templário. Ele era o senhor natural do trono da Pedra Rubra, mas foi desalojado por Hassan.

— Ótimo! — exclamou o templário.

Aí dirigindo-se à caveira com chifres ordenou:

— Desça desse trono e vá assentar-se no seu trono-grau original, irmão caído.

— De jeito nenhum, guardião da luz da Santa Cruz. Eu fui punido, pois me excedi neste trono, e caso venha a ocupá-lo novamente, serei fulminado pelo mistério que o sustenta.

— Quem é o grau natural deste trono guardião do cruzeiro, Exu Bab'iim?

— É o templário-caveira caído no centro daquele grupo de guerreiros animados por uma fúria da morte, e que se chama Aléssio, Bab'iim templário!

— Tudo bem. Vamos ordenar este caos, ou o fogo desta minha lâmina se tornará incontrolável daqui há pouco.

— Já estou descendo deste Trono! — exclamou o caveira com chifres. — Mas não me obrigue a assentar-me no trono da pedra Rubra, guardião da luz da Santa Cruz.

— Você é problema do Exu Bab'iim de agora em diante, irmão caído. Afinal, nos planos dele você seria destruído pelo templário executor da morte aos religiosos caídos. Certo, Exu Bab'iim?

— Isto mesmo, Bab'iim templário. Afinal, ele não era um sacerdote como entendem no plano material, mas era o responsável por todo um conjunto de processos energéticos e magnéticos que têm finalidades religiosas... e traiu a ordem hierárquica natural ao exceder-se, arrastando este trono para bem longe dos domínios de minha senhora. Mas posso assumir o destino dele e, tornando-o um Ar'iim meu, redirecioná-lo e reconduzi-lo às hierarquias naturais, Bab'iim templário.

— Este procedimento é aceitável aos olhos da lei, Exu Bab'iim. Veja se ele aceita submeter-se a você e ser regido pelo seu mistério.

Guido olhou nos olhos do caveira com chifres e perguntou:

— Esta solução da lei está boa para você, Exu da Pedra Rubra?

— Tanto a luz quanto as trevas estão cansadas de mim. Logo, vou refugiar-me nos teus domínios até que me esqueçam, Exu Bab'iim.

— Refugiar-se é? Veremos como será o teu comportamento nos meus domínios, Ar'iim do Exu Bab'iim!

E no instante seguinte Guido subjugou visual e mentalmente seu novo Ar'iim que, ao ser "possuído" pelo mistério Exu Bab'iim, caiu de joelhos na frente dele e bateu o crânio, já sem chifres, diante de seu novo senhor.

O templário, então, perguntou a Guido:

— Quem é esta pasta sanguinolenta aí?
— Este é Hassan, um chacal que me enviou até a senhora natural e caída que o sustentava neste trono, pois tinha em mente arrancar de minha semente original o mistério do Trono das Sete Cruzes. Só que não contava com minhas descobertas mais recentes sobre a trama que existe entre os tronos naturais caídos nas trevas humanas.
— O que tinhas em mente para ele?
— Torná-lo mais um Ar'iim meu, Bab'iim templário.
— Não estás arregimentando muitos dos piores espíritos caídos, Exu Bab'iim?
— Todos atentaram contra a concepção... assim como eu. Logo, ou todos nos redimimos servindo à Senhora da Concepção em seu polo negativo, ou facilitaremos as coisas para a Lei, que executará a todos nós de uma só vez, no mesmo lugar e ao mesmo tempo. E além do mais, é melhor tê-lo sob o domínio do meu mistério que tentando reduzir-me a um ovoide só para se apossar dele.
— És esperto, Exu Bab'iim.
— Prefiro ser chamado de sábio, Bab'iim templário.
— Não, por enquanto só estás sendo esperto. O tempo dirá se também estás sendo sábio. Agora, e quanto a Aléssio? Onde ele se encaixa nos teus planos?
— Eu o identifiquei como guardião natural do Trono do Cruzeiro, e como ele estava possuído por uma fúria da morte aos religiosos caídos, direcionei-o contra Hassan e meu tio Giuseppe, para destroná-los. Aí o Trono do Cruzeiro viria libertar este Trono do Degrau das Sete Cruzes que o sustentava pela esquerda e impedia sua queda às trevas mais profundas, quando, então, Aléssio voltaria contra ele seu escudo da purificação e o anularia. Aí eu entraria em cena plasmado como você e assumiria o Trono Guardião do Cruzeiro Divino e nele entronaria Aléssio, que é seu ocupante natural caído nas trevas. E ao meu irmão Gino, aliado do teu filho, eu confiaria o escudo da Lei nas trevas.
— É um plano e tanto, Exu Bab'iim. O que deu errado nele?
— Alguém muito poderoso interferiu nele. Eu tentei, mas não identifiquei o mental que atuou aqui através de mim.
— Este mental, eu chamo de Lei, Exu Bab'iim. Quando nós pensamos ter tudo sob controle para iniciarmos uma ação de longo alcance, ela, a Lei, que atua a nível planetário e multidimensional, interfere e conduz tudo como ela deseja que seja realizado. Afinal, você pode ter tido a melhor das intenções, mas alguém, mentalmente superior, não aprovou alguma parte do seu plano tão humanamente elaborado.
— Por que será?
— Olhe para a pedra rubra e descobrirá imediatamente.
— Eu a paralisei.

— Exatamente. Este trono negativo, mas animado por uma essência masculina, mesmo estando longe de seu ponto de forças original, vinha atraindo para este domínio das trevas muitos milhares de espíritos femininos dominados pelo desejo. E bem ou mal, atendia à Lei nas trevas. Como você o paralisou, todos os espíritos ligados magneticamente a ele foram paralisados. E isto contraria a Lei da Evolução, pois só quando esgotarem seus negativismos esses espíritos retornarão à senda evolucionista.

— Eu não pensei nisso, Bab'iim templário.

— Mas a Lei pensou. E tanto pensou que vou usar você e estas energias para concluir uma missão que realizo para minha senhora. Onde está localizada a fonte geradora dessas energias paralisantes?

— Eu a ativei numa natural caída que ocupa um outro trono desta mesma hierarquia, e que tenho por missão devolver aos domínios naturais das Sete Pedras.

— Melhor assim. Tanto pelo alto como pelo embaixo, ambos fomos usados pelo mesmo objetivo: ordenar o caos estabelecido tanto por espíritos quanto por seres naturais caídos diante dos vícios desumanizadores. Vou direcionar os símbolos identificadores desses dois tronos contra uns seres naturais caídos, que são mistérios em si mesmos, e anular os Bab's deles, atormentados por várias fúrias da concepção que deles se apossaram.

— Mas aí você anulará o mistério que eles são em si mesmos. Algo semelhante ao erro que cometi você repetirá.

— Não acredito. O que vi foram mistérios que se degeneraram e agora esgotam seus negativismos energéticos nos tronos. Assim, ao paralisá-los, um bem a eles estarei fazendo, Exu Bab'iim. Eles não portam os cetros simbolizadores do mistério que representam, pois os perderam ou deles foram retirados pela Lei. Logo, presumo que os cetros fálicos, estejam onde estiverem, são os sustentadores dos espíritos ou seres naturais caídos em seus polos negativos. Enquanto não os localizar, não vou absorver aqueles tronos.

— Tudo bem, templário Bab'iim, mas nosso problema não é só este, não é mesmo?

— Vou terminar com o que você começou e depois você me auxilia no término do que ainda não concluí.

Mas mal falara aquilo, e o templário assustou-se com o que começava a acontecer com seu filho Aléssio, caído no solo: ele, despertando algo em seu íntimo que anulava a dor que o fazia verter uma energia rubra pelos ossos, levantou-se e emitiu um urro bestial que impressionou a todos.

Repentinamente um fogo diferente de tudo o que já haviam visto começou a brotar do peito dele e espalhar-se por todo o esqueleto, alimentando-se da energia que ele vertia.

E dos buracos vazios daquele crânio onde antes haviam olhos, dois fachos quase líquidos projetaram-se contra Hassan e aquele fogo denso começou a alimentar-se dele. E o mesmo aconteceu em quem Aléssio pousou sua nova visão ígnea-líquida.

— Que horror!!! — exclamaram Guido e o templário ao mesmo tempo.

— Meu Deus, que fúria ou mistério é este agora, Exu Bab'iim?

— Não sei, Bab'iim templário. É impenetrável à minha visão! Vou afastar-me a uma distância prudente antes que ele me veja e projete esta energia sobre mim.

— O Escudo!!! É ali que está o mistério. Vou tentar recolhê-lo e descobrir o que há no polo negativo deste mistério que o anima.

— Cuidado, Bab'iim templário. Ele não o reconhecerá como seu pai natural e irá envolvê-lo naquele fogo líquido. Você já viu chamas tão densas como estas?

— Nunca, Exu Bab'iim. Vou irradiar e atrair até nós o escudo.

No instante seguinte, já com o escudo na mão, eles volitaram para longe dali, pondo-se a uma distância segura. Aí o templário começou a contemplar aquele sol rubro que era um mistério em si mesmo, pois era formado por energias "vivas", tal como os Bab'iim Simbólicos.

Pouco a pouco foram penetrando nele, já que Guido não ficara como mero espectador; e quando conseguiram abri-lo às suas poderosas visões, vislumbraram um mundo até então desconhecido.

Mais um pouco contemplando e tudo foi se clareando, até que conseguiram ver claramente a fonte irradiadora das energias que alimentavam aquele sol rubro.

A fonte provinha do símbolo identificador do maior trono Cósmico que já haviam visto em suas existências. E um majestoso ser celestial ocupava-o... e olhava diretamente nos olhos deles.

— Bab'iim templário, eu já vi isto acontecer comigo! Ele irá puxar-nos até a dimensão regida por ele, pois é uma divindade. Meu Deus! Seremos consumidos pelo fogo líquido!!!

— Não reaja, Exu Bab'iim. Deixe tudo acontecer naturalmente, pois se ele quisesse nos destruir, já teria nos inundado com o fogo líquido, irradiando-o contra nossos olhos.

— O que será que ele quer conosco? — perguntou o templário poeta, atrás dos dois.

— Quando você chegou, poeta?

— Assim que você me chamou. Quem é este Trono Celestial?

— Não sei ainda... mas ele nos dirá, não?

— Ou nos cegará para sempre, pois não consigo desviar meus olhos dos deles, Ciro.

(Ciro era o nome do Bab'iim templário, Dante o do poeta e Guido o do Exu Bab'iim. Não se esqueçam disso).

— Nem eu — lamentou-se o Exu Bab'iim. — Minha visão e meu poder mental não são nada se comparados ao desse ser.

— Ele está nos dando tempo para que o assimilemos antes de nos transportar até diante do trono dele.
— Como sabe disso, irmão? — perguntou o poeta.
— Não sei... mas sei que é isso, irmão Dante.
— É dessa vez que meus restos humanos serão consumidos, irmãos templários! Exclamou Guido, muito aflito.
— Não se deixe emocionalizar, Exu Bab'iim. Lembre-se de que você tem como par dessa tua natureza de Exu uma outra, fria e racionalista: a do Papa mais frio e calculista que já ocupou o trono de Pedro e Paulo.
— Tem razão. Sou Exu Bab'iim, mas também sou o Papa Guido.
— Preparem-se, pois ele vai conduzir-nos até seu trono Celestial! — exclamou o Bab'iim templário.
No instante seguinte, num refluxo visual que mais se assemelhou a um mergulho nas lavas de um vulcão, os três foram atraídos por aqueles olhos. A velocidade ultrapassou qualquer deslocamento mental que eles conheciam ou já haviam experimentado até então.
E no instante seguinte já se encontravam ajoelhados diante daquele majestoso trono Celestial ocupado por um guardião celestial do Mistério dos Sete Escudos.
— Levantem-se, servos da Lei humanizados! — ordenou o guardião celestial.
Ao se levantarem, sentiam-se trespassados pela poderosa irradiação dele, que parecia enorme, ainda que estivesse distante.
— Nós o saudamos, ó celestial guardião dos Mistérios dos Sete Escudo. Abençoe-nos, ser celestial! — clamou o Bab'iim templário, sendo secundado pelo Exu Bab'iim e pelo poeta Dante.
— Em nome do Senhor da Luz eu vos abençoo, servos da Lei! Que por todo o sempre, abençoadas sejam vossas vidas e amparados pelo Mistério dos Sete Escudos sejam vossos destinos.
— Que assim seja, senhor nosso — responderam os três ao mesmo tempo. — No que podemos servi-lo, divino guardião do Mistério dos Sete Escudos Sagrados?
— Eu vos incumbo de uma missão celestial, servos meus.
— Ordenes e nossas vidas a ela serão consagradas até que a tenhamos cumprido, divino guardião.
— O que sabeis sobre mim, servos meus?
— Nada além do que nossos limitados olhos veem, senhor nosso — respondeu o templário, contemplando tão divino guardião. — Mas nada mais precisamos para obedecê-lo e cumprirmos a missão que nos concederá para júbilo nosso.
— Eu sou o Trono Celestial Ogun Sete Escudos, se isto os satisfaz.
— Satisfeitos por merecermos ouvir seu nome simbólico nos sentimos, generoso guardião divino.

— Eu sou o terceiro Trono Celestial do Divino Ogun, servos da Lei.

— Nós ouvimos e aprendemos convosco, generoso e sagrado guardião da Coroa Divina.

— Eu sou Ça Ri'iim Em'iin Iór Hesh yê, ou trono guardião celestial do Mistério dos Sete Escudos. Lei, fé, amor, conhecimento, justiça, saber e vida são os Sete Escudos Celestiais, servos dos Orixás.

— Ouvimos e aprendemos, divino Ça Ri'iim Em'iin Iór Hesh yê.

— A qual dos Sete Escudos da Coroa Divina desejais servir, servos dos orixás?

— Existe um primeiro ou um segundo, senhor nosso?

— Não. Todos os escudos são o que são: mistérios protetores dos mistérios.

— Então como podemos optar por um se todos são fundamentais para a proteção da Coroa Divina, sagrado Ça Ri'iim Em'iin Iór Hesh yê? Se nos ungir com o mistério sob sua guarda, em escudos da Coroa Divina nos tornaremos e através de nós, seus humildes e humanos servos, seu mistério protetor se manifestará, sagrado senhor nosso!, falou Ciro.

— Sim, senhor nosso, honre estes seus humildes servos com a oportunidade única de podermos servi-lo! — clamou o poeta, extasiado com a visão do Senhor Ogun Sete Escudos.

Guido, soluçando alto, clamou:

— Sagrado Senhor Ogun Sete Escudos, desci tanto na escala humana do sentido da Fé que clamo por esta unção. Permita que eu me redima diante da Lei Maior servindo-o também, pois incorporarei à concepção os Sete Escudos da Coroa Divina.

O divino Ça Ri'iim Em'iin Iór Hesh yê que, no Ritual de Umbanda Sagrada é invocado pelo nome simbólico de Senhor Ogun Sete Escudos da Coroa Divina inundou os olhos dos três com um fluxo cintilante que os cegou momentaneamente, e quando voltaram a vê-lo, sorriam felizes enquanto de seus olhos lágrimas corriam torrencialmente. Haviam sido absorvidos pelo divino guardião celestial Ogun Sete Escudos da Coroa Divina.

Então o divino guardião falou-lhes:

— Sete mistérios guardiões existem no alto, sete no meio e sete no embaixo, servos meus.

Sete são guardiões da luz,
Sete são guardiões do meio,
Sete são guardiões do embaixo.

Para cada um desses vinte e um guardiões de natureza masculina, outros vinte e um de natureza feminina existem, servos meus. Assim quis o Criador, assim tudo foi ordenado e assim tudo é e sempre será. Portanto, eu advirto-os de que quem serve a um, serve aos vinte e um. E quem aos vinte e um serve, está servindo a uma defesa da Coroa Divina.

— Assim ouvimos e assim entendemos que tem de ser, amado senhor — responderam os três ao mesmo tempo.

— Cada um de vocês, no seu campo de ação, de agora em diante manifestará o mistério Ogun Sete Escudos. E se um fraquejar os outros dois o sustentarão até que volte a estar apto a ostentar os escudos guardiões da Coroa Divina.

— Assim será, senhor nosso.

— Depois de concluírem as suas atuais missões, irão recolher o celestial Degrau do Escudo da Fé, que é aquele que ostenta o sol em seu centro. O sol, na Coroa Divina, simboliza a abrasadora luz da fé e da vida. Recuperem-no, pois muitos tronos-graus estão caídos nas trevas da ignorância enquanto muitos outros ascenderam às esferas da luz onde reina o saber do amor divino.

— Por onde devemos começar, amado senhor nosso?

— Oxalá enviou sete sóis ao plano material. Localizem-nos e eles os conduzirão aos sete Degraus. Recolham em seus escudos os sete, e aos seus lugares de origem eles retornarão e serão ocultados dos olhos humanos.

— Assim será feito, amado senhor Ogun Sete Escudos.

— Recolham seus escudos ao vosso todo espiritual e em mistérios protetores da Coroa Divina vocês serão em si mesmos de agora em diante. E só ostentem estes escudos para recolherem os tronos caídos dos Sete Sóis; diante de outros guardiões celestiais ou para se defenderem da investida dos que tentarão impedí-los de realizarem a missão que confiei-lhes.

— Assim serão ostentados, amado senhor nosso. Como devemos absorvê-los?

— Segurem-nos com as duas mãos e os encostem em seus peitos que eles serão absolvidos.

Assim eles fizeram, absorvendo os escudos-mistério. A seguir lhes foi ordenado:

— Humanizem os Sete Escudos da Coroa Divina, servos dos orixás!

— Humanizados por nós eles serão, amado senhor Ogun Sete Escudos. Que suas vontades celestiais se manifestem em nós como desejos a serem realizados.

— Assim será, servos meus. Servir-me será sempre um desejo vosso que os induzirá a lutar pela defesa da Coroa Divina. Voltarem às suas missões, servos dos Sete Escudos protetores da Coroa Divina.

No instante seguinte, viram-se novamente diante do escudo com o sol rubro no centro.

Permaneceram em silêncio por um bom tempo, mas, de repente, o templário exclamou:

— Meu Filho!!! Agora já sei como controlar a fúria ígnea que se apossou dele!

— Precisa de minha ajuda? — perguntou o templário poeta.

— Eu gostaria, caso não atrapalhe o que estás realizando.

— Não interferes em nada, irmão Ciro.

O templário Ciro olhou para o Exu Bab'iim e falou:

— Manterás esta aparência humana ou voltarás a ostentar tua aparência caveira, Exu Bab'iim?

— O que me aconteceu, Bab'iim templário?

— Você reconquistou o direito de ostentar uma aparência humana. Sua vontade de servir o Mistério dos Sete Escudos redimiu-o aos olhos dos senhores Orixás que formam a Coroa Divina manifestada às criaturas.

— Vou assumir o destino do meu irmão Gino e torná-lo meu Exu Ar'iim Sete Escudos. Ele nos auxiliará na busca dos sete degraus solares.

— Vamos. Já temos a solução da Lei para aquele caos desumano.

No instante seguinte estavam diante de um verdadeiro horror, pois Aléssio, possuído pela fúria ígnea, irradiava o fogo-líquido por todos os ossos do seu esqueleto.

O Bab'iim templário fixou seus olhos na pedra do trono, sobrecarregada de energia paralisante e ordenou:

— Exu Bab'iim estabeleça um cordão que conduza as energias acumuladas na pedra até Aléssio.

— Ótima solução, Bab'iim templário. Paralisaremos a fúria que dele se apossou.

— Ou ele, não?

— Talvez. Mas isto aí é pior que uma paralisia, não?

Pouco depois Aléssio começava a absorver um fluxo energético que realmente o paralisou e fez com que desabasse ao solo.

O templário aproximou-se dele e, segurando o escudo na direção do peito esquelético, irradiou forte um fluxo energético que, pouco a pouco, foi envolvendo-o todo.

Quando o viu todo envolto pelo fluxo energético, direcionou sua visão ao mental dele e o subjugou, dando início ao fechamento das fontes geradoras de energias negativas que estavam totalmente fora de controle.

Quando as fechou, pediu ao poeta:

— Ampare-o para que não caia, pois vou recolher este fluxo energético e ajudar os atingidos pela fúria que estava se manifestando através dele, irmão.

O primeiro a ser socorrido foi Hassan, que deu um grito ao se ver aliviado do tormento que o havia envolvido.

Giuseppe, Gino e mais uma centena de templários e cruzados-caveiras também gritaram ao sentirem-se livres do tormento ígneo — líquido que se alimentava do negativismo deles, inundado com o sangue humano de suas vítimas no plano material.

Aos poucos, foram readquirindo suas antigas aparências humanas.

Não foi fácil reequilibrá-los emocionalmente, mas recorrendo aos seus já poderosos mentais, os três irmãos de escudo recolocaram-nos em condições de entenderem tudo o que ali havia acontecido.

O Bab'iim templário encaminhou o trono guardião do Cruzeiro até os domínios regidos pelo senhor Omolu e agregou seu filho Aléssio como guardião dele, mas regido pelo Trono das Sete Cruzes até que viesse a estar apto a assumi-lo conscientemente.

Guido incorporou Gino como mais um dos seus Exus Ar'iim, e com ele deu início à formação da sua mais nova falange: os Exus Sete Escudos da Coroa Divina. E Gino levou Giuseppe como seu auxiliar.

Hassan, muito agradecido por tanta generosidade de Guido, tornou-se seu Exu Ar'iim Mosh Bab'iim.

Quanto ao espírito que antes ocupava o trono do Cruzeiro, aceitou a oferta do templário poeta e foi assumido por ele como mais um de seus auxiliares no ponto de forças regido pelo Mistério das Sete Cachoeiras.

Guido reconduziu aquele trono-grau das Sete Cruzes e o incorporou ao trono regente já assentado nos domínios do senhor Omolu, e observou:

— Um dia ainda haverei de ver todos os graus desse degrau reunidos em torno do seu trono regente, todos voltados numa única direção e atuando num único sentido.

— Nós o auxiliaremos no que nos for possível ou permitido, Exu Bab'iim. Um dia você haverá de ser reconduzido àquele trono regente, e, assentado nele, reconduzirá ele aos domínios de Oxalá — falou o templário.

— Venham, vou mostrar-lhes outra coisa espantosa.

— O que é? — perguntou o poeta.

— Lembra-se dos deuses totêmicos ligados à fertilidade que estudamos, irmão Dante?

— Lembro-me sim.

— Acho que localizei todos, ou quase todos... caídos nas trevas humanas.

— Isto quero ver, irmão Ciro!

— Vou conduzi-los até onde está um trono regido pelo mistério Dab'iim Mahór. Dali visualizarás todos eles, irmão.

Pouco depois, conduzido pelo templário, o poeta exclamou:

— Por isto que não os localizávamos, irmão! Eles estão nos domínios do embaixo!

— Isto mesmo. Tornaram-se tão negativos que caíram no embaixo. Fico a imaginar as atrocidades que foram cometidas em nome do deus da Fertilidade.

— As atrocidades são sempre as mesmas, irmão. Nós, os humanos, sempre as cometemos em nome do Criador ou de Seus mistérios maiores. Agora mesmo, em diversas partes da crosta terrestre, homens estão se matando em nome de "seus" deuses, tenham eles o nome que tiverem. Em nome de Cristo estão lançando no tormento das fogueiras os hereges. Em nome de Allah estão degolando infiéis. Em nome de Ogun há toda uma nação africana guerreando com os povos vizinhos ao norte do lugar onde o Exu Bab'iim assentou-se no plano material.

— Quando começou esta guerra, Bab'iim Dante? — perguntou Guido, preocupado com esta nova ameaça à tribo sob sua proteção.
— Há exatos dois dias.
— Será que chegará até a aldeia onde estou protegendo a concepção?
— Não sei. Mas acho que começarás a sofrer tanto quanto os protetores dos povos atacados pelas tuas manobras no sentido de fortalecer teu papado e a expandir o catolicismo.
— Não podemos fazer nada?
— Não, Exu Bab'iim.
— Aquela região é tão abundante que se não for assolada por guerras, em um século a população terá se quintuplicado com a minha orientação.
— Bom, nunca se sabe o que o alto ou o embaixo reservou para aquela região. Pode ser que a tribo que comanda aquela guerra venha a exaurir-se e desista de guerrear seus vizinhos... em nome do protetor deles, Ogun.
— Ogun protege a vida, Bab'iim Dante!
— Jesus Cristo também, Exu Bab'iim. Mas você, com os bens subtraidos das ordens templárias, financiou uma expansão violenta do cristianismo, não?
— É, eu fiz isto. Que droga! Saio do cenário europeu e cristão e tudo continua na mesma.
— Sabe-se lá quem é que está atuando sobre aquela nação regida religiosamente pelo mistério Ogun — falou o Dante, muito triste.
— Vou ficar atento a isto também, Bab'iim poeta. Não vou permitir que venham a estragar a concepção que estou amparando.
— Cuidado com teus limites, Exu Bab'iim. Estes infelizes caídos no embaixo, um dia sentiram-se deuses e movimentaram seus mistérios cósmicos tentando proteger os povos guiados por eles, seres mistérios da fertilidade.
Aqui mesmo, e há pouco tempo, resgatei uma natural regente desse degrau que não entendeu que havia chegado o momento de se recolher ao seu ponto de forças e continuou a sustentar um culto religioso que se desvirtuou e se tornou sanguinário. Ela era uma "divindade" e em vez de recolher-se quando começaram a subverter o ritual codificado como natural para a Senhora da Concepção, tentou anular os que estavam tornando-a uma divindade negativa. Só conseguiu isto quando já se encontrava afastada dos seus domínios naturais. Aí movimentou todo o poder deste degrau para punir espíritos masculinos caídos nos vícios do sexo. E foi tão implacável na anulação deles que até a estes infelizes que vocês estão visualizando, ela tentou anular. Mas eles reagiram e passaram a atormentá-la, inundando este degrau com suas energias viciadas. Agora, caídas nas trevas mais profundas estão a maioria das senhoras naturais que no passado ocupavam assentos tanto à direita quanto à esquerda do trono regente.

Estão errados os humanos que tomam partido deste ou daquele deus pessoal, pois no alto um só Deus existe. E o mesmo erro cometem os tronos regentes que se arvoram em protetores últimos deste ou daquele povo, ou de alguma religião ou culto localizado e limitado, como é o seu caso, Exu Bab'iim. Você poderá sustentar a concepção de muitas maneiras. Mas a menos recomendável é permitir que te paralizem e se apossem do mistério que você é em si mesmo; atenha-se à concepção, mas num nível fora do alcance dos encarnados ou logo o envolverão nas piores coisas que possa imaginar. Já estudamos alguns mistérios "Exu", mas com outra designação, pois são seres que atuam em outros sentidos que incorreram nesse erro, e agora estão presos a cadeias rituais erigidas em torno deles pelos encarnados que deles se apossaram. Concepção é um mistério da criação, Exu Bab'iim. Você é só um dos muitos sustentadores dele junto àquele povo. Em outros níveis atuam Tronos Celestiais aos quais você está ligado pelo poder do mistério maior que o rege. O grau Exu é só um dos muitos existentes, e não é lá muito alto, sabe?

— É, eu sei, concordou Guido, resignado.

— Então não tome como algo pessoal a proteção daquele povo, pois em níveis mais elevados a guerra iniciada está sendo acompanhada atentamente. E quando o que ali foi iniciado terminar, quem morreu matando em nome de Ogun, às trevas será enviado. E quem foi morto inocentemente, a Lei Maior amparará em espírito caso compreenda que não era Ogun que ordenara a guerra. Não, ali também está a ambição do poder a mover espíritos desequilibrados rumo às desgraças humanas chamadas de guerras religiosas. Se todos concordam no plano material que o alto é sinônimo de vida, então nunca deviam dizer: vou à guerra pelo "meu" Deus. Isto é um contrassenso da mais insensata das criaturas: o ser humano! Cuidado com o rumo que deu ao seu desejo de sustentar a concepção, Exu Bab'iim.

— Tomarei cuidado, Bab'iim templário.

— Ótimo. Agora voltemos nossa atenção a este degrau e descubramos como romper os cordões energéticos que o tornam um absorsor natural das energias irradiadas por aqueles Bab's naturais negativos.

— É a cadeia natural que interliga tudo a todos, Bab'iim templário — falou Guido. — Eu só reuni num mesmo lugar todos aqueles tronos porque os atraí com meu mistério, atuando por meio das ligações naturais existentes.

— Até aí, nada acrescentou, Exu Bab'iim. Todos eles estavam num mesmo nível vibratório e tudo foi possível. Agora, como romper esta interligação existente entre este trono à esquerda e aqueles no embaixo? E sem alterar o equilíbrio existente que, mesmo nos parecendo algo doloroso, no entanto está regido pela Lei Maior.

— É, temos de ser cuidadosos ou adentraremos em níveis de atuação fora dos nossos limites — concordou o templário poeta. — Mas o que vi acontecer na ação do Exu Bab'iim foi o reequilíbrio e a reordenação num nível que estava, e há muito tempo, solicitando um esgotamento rápido de um caos onde um trono estava anulando os processos energéticos naturais dos outros. Talvez o mesmo aqui esteja acontecendo, e exatamente por isto os nossos regentes do Alto tenham ordenado que recolhamos este degrau ao seu lugar de origem nos domínios naturais de Dab'iim Mahór, pois isto foi o que aconteceu ao degrau que o Exu Bab'iim reconduziu aos domínios do Bab'iim Mehór Ciro.

— Talvez seja isto, irmão poeta. Mas assim que rompermos estes cordões, o embaixo reagirá e se voltará contra nós. Afinal, este degrau está servindo como um ponto de descarga para as energias lá geradas — falou o templário Ciro.

— Bom, algo tem de ser feito senão não reconduzirá este trono ao ponto de forças regido por Dab'iim Mahór, irmão templário.

— É isso!!! — exclamou o Exu Bab'iim.

— Isto o quê? — perguntaram os outros dois ao mesmo tempo.

— Os Sete Escudos, oras! Cada um deles atua num nível essencial da Coroa Divina, certo?

— Sim. Continue — pediu o templário.

— Ora, é só ativar o escudo responsável pela proteção dos processos energéticos e magnéticos ligados à vida, que a energia que ele irradiará romperá todos os cordões que estão paralisando este trono pertencente às hierarquias de Dab'iim Mahór. Não estarás interferindo com o embaixo, mas tão somente atuando neste nível onde tem liberdade de ação. E o escudo é da Lei; portanto, se alguém tentar reagir, irá encontrá-lo em seu caminho, não a você Bab'iim templário!

— Acho que é isto mesmo. Afinal, eu estava com dificuldades em servir a Dab'iim Mahór quando fui atraído pelo senhor Ogun Sete Escudos de Proteção da Coroa Divina.

— Claro! — exclamou o poeta. — Ele fez questão de nos falar que existem vinte e um guardiões de natureza masculina e outro tanto de naturezas opostas que formam seus pares magnéticos. E ele deixou bem claro que quem serve a um, serve aos vinte e um, não?

— Isto ele salientou-nos, poeta.

— Ele nos dotou de um recurso único, Ciro! Nas coisas não ditas, ele estava nos dizendo para envolvermos com os escudos da Coroa Divina os identificadores de onde ela se manifesta. E aqui, este trono é identificador simbólico da vida regida por ela, a Coroa Divina — concluiu o poeta.

— É isto mesmo, Bab'iim templário. Sua senhora das Sete Cachoeiras confiou a você a recondução desse degrau aos domínios de Dab'iim Mahór porque você absorveu o degrau que lhe confiou o Bab'iim Mehór. Você estará reequilibrando dois polos do "X" neste nível. Mas no embaixo alguém deve estar atuando no sentido de ordenar o caos por lá existente, também.

— Bom, vamos ver o que acontecerá quando eu ativar o mistério do Escudo da Vida — falou o templário, finalmente concordando com a ponderação dos dois.

Ele fixou sua visão no símbolo do trono regente daquele Degrau e, abrindo o mistério do Escudo da Vida, já visível em seu peito, irradiou forte envolvendo-o todo.

A irradiação começou a espalhar-se e derramar-se sobre todo o degrau, envolvendo-o todo.

Mas outra coisa aconteceu: em vez de romper os cordões, aquela energia começou a fluir por eles e projetou-se rapidamente, alcançando em poucos segundos todos os tronos ligados a ele, mas caídos no embaixo, para em seguida atraí-los e, num violento estrondo, trazê-los para o nível onde se encontrava.

Com eles também vieram seus ocupantes, que haviam ficado paralisados.

— Meu Deus!!! — exclamou o templário. — O que foi que acabei de fazer?

— Meu pai! Nunca vi nada parecido acontecer! — falou o poeta. — Como é poderoso este escudo protetor da Vida!

— Gostei disso, Bab'iim templário. Sinto-me bem melhor em saber que um escudo igual faz parte do meu todo espiritual.

— Esperem um pouco. Olhem só o que está acontecendo!

O templário referia-se ao que estava acontecendo com os seres assentados nos tronos. Eles tombavam para frente e caíam dos tronos, ficando a contorcerem-se de dor, curvados sobre seus deformados Bab's antinaturais.

— Vou apossar-me desses Bab'iim caídos, Bab'iim templário — avisou o Exu Bab'iim.

— Você está louco? Estes infelizes vão anular o seu mistério... e você também.

— De jeito nenhum. Eu sou portador do Mistério dos Sete Escudos Protetores da Coroa Divina. E se estes caídos tentarem algo, envolvo-os naquele fogo-líquido e os esgoto de uma vez por todas!

— Reflitamos um pouco, Exu Bab'iim — sugeriu o templário Dante.

— Não preciso refletir, Bab'iim poeta. As vontades se manifestarão em nós como desejos, ou não foi isto que ficou acertado com o sagrado Ogun Sete Escudos?

— Você está desejando assumir esses seres naturais ligados ao Bab'iim Mehór. Mas... para quê?

— Bom, vou assumi-los, reequilibrá-los e, quando surgir a oportunidade, eu os assento como meus Ar'iim em outras tribos, e aí estarei protegendo a Coroa Divina no nível onde a concepção flui naturalmente, certo?

— De acordo — aprovou o Bab'iim templário. — Atue sobre eles, Exu Bab'iim!

No instante seguinte Guido, cada vez mais o Exu Bab'iim, atuou sobre eles com todo o seu poder mental-visual e com todo o vigor do seu mistério Bab'iim.

Pouco tempo se passou até que os seres naturais caídos, que eram mistérios em si mesmos, se curvassem diante do Exu Bab'iim, já livres dos tormentos sexuais que os incomodavam.

— Acomodem-se atrás de mim, meus Ar'iim Bab'iim — ordenou ele, com a voz autoritária do líder nato para dominar seres naturais ou espíritos caídos em seus polos negativos e possuídos por fúrias infernais.

Mas algo ocorreu e os surpreenderam: no meio da escuridão ali reinante formou-se uma mancha negra e tão densa, que dava para senti-la com as mãos. A seguir, um ponto rubro como o ferro incandescente, localizado bem no centro da mancha negra, começou a expandir-se concentricamente abrindo uma gigantesca passagem através da qual visualizaram um trono cósmico por excelência, ocupado por um ser celestial assentado no extremo negativo de alguma hierarquia celestial.

Impelidos pela ordem peremptória e atraídos pelo vigoroso magnetismo do Trono cósmico, eles avançaram pelo círculo rubro, chegando até diante do Trono, onde se curvaram e saudaram-no.

— Eu sou Mehór yê, servo da Coroa Divina.

— Nós o reverenciamos, poderoso Mehór yê. No que podemos servi-lo enquanto servos da Coroa Divina?

— Antes me ouçam.

— Somos ouvintes atentos, Mehór yê — falou o templário.

— Existem sete mistérios guardiões para o alto, sete para o meio e sete para o embaixo. Vocês conheceram o mistério Ogun Sete Escudos de Proteção da Coroa Divina, um mistério do Alto, um Em'iin, correto?

— Sim, isto conhecemos, Mehór yê.

— Existem outros seis Tronos Em'iin Iór Hesh yê, ou mistérios guardiões da Coroa Divina, correto?

— Sim, senhor, isto é correto.

— No embaixo outros sete, formando o polo negativo do mistério Hesh yê (guardião celestial) existem, correto?

— Isto é correto, sagrado Mehór yê.

— Você está, no cumprimento de uma missão de sua senhora na luz, reconduzindo um trono para Bab'iim Mehór, correto?

— Sim, senhor. Esta é minha missão.

— Mas adentrou em meus domínios, de onde retirou tronos assentados em seus polos negativos, correto?

— Sim, isto é correto, sagrado Mehór yê — respondeu o templário, já temendo pelo pior.

— Não tema, Bab'iim templário. Ninguém foge ao seu destino se entender as coisas como elas são, em vez de assustar-se diante das aparências.

— Acho que isto em nós, os humanos, é natural sagrado Mehór yê. Assustamo-nos diante dos Tronos Celestiais assentados nos polos negativos e nos extasiamos com os assentados nos polos positivos.

— Isto eu compreendo, Bab'iim templário. Por isto alerto-os para que não temam pelo pior. Apenas entendam-me como um dos sete guardiões cósmicos.
— Assim o assimilamos, Sagrado Mehór yê. E peço licença para perguntar se interferimos com o embaixo quando atraí, sem querer, todos estes tronos da fertilidade caídos nas esferas regidas por seu mistério.
— Não interferiram. Apenas aconteceu um desdobramento natural da tua ação, Bab'iim templário. Se irás reconduzir este degrau a Bab'iim Mehór, terás de assumir o degrau correspondente ao polo ativo, pois só assim estarás apto a concluir tua missão.
— Isto significa que...
— Exatamente. Irás absorver todo um degrau celestial Bab'iim, assentado em meus domínios energéticos e magnéticos, e o integrarás ao teu todo espiritual.
— Santo Deus! Eu sucumbirei diante de tão poderoso mistério, sagrado Mehór yê.
— Sucumbistes, ao absorver o mistério Ça-Ri'iim, Bab'iim Ciro?
— Não, senhor. Só me senti mais resistente na defesa da Coroa Divina.
— Isto aconteceu porque não temeste absorvê-lo, não é mesmo?
— É verdade. Eu absorvi o mistério Sete Escudos, pois ele estava vindo ao encontro do meu desejo de servir aos Orixás.
— Então absorva o mistério Bab'iim Mehór yê com o mesmo desejo, e o tempo te mostrará que com ele servirás à Coroa Divina através da geração, Bab'iim templário.
— Eu... sim senhor. Mas... meu Deus, ampare-me!
— Ele está te amparando Bab'iim Iór Hesh yê. Aproxime-se mais e recolhe de minhas mãos o símbolo sagrado Bab'iim Ka-hesh yê, tornado negativo por inteiro quando seu portador natural humanizou-se, em vez de divinizar-se.
O templário aproximou-se e recolheu das mãos do sagrado Mehór yê o símbolo sagrado Bab'iim Ka-hesh yê.
O poder daquele símbolo era imensurável e ele começou a tremer devido à poderosa vibração que o possuiu. Então lhe foi ordenado que o absorvesse através de seu sétimo sentido.
— Auxilie-me, sagrado Mehór yê — pediu o templário, lançado numa incontrolável vibração energética e magnética oriunda do símbolo Bab'iim Ka-hesh yê.
— Eu te sustentarei visualmente, Bab'iim Iór Hesh yê.
Pouco depois, já sustentado pelo sagrado Mehór yê, o templário deu início à absorção daquele celestial e sagrado símbolo da fertilidade, caído em seu polo negativo, porque a divindade natural que o portava, em vez de sustentar no plano material a concepção como um mistério divino, havia sido humanizado e perdido o controle sobre os ritos de fertilidade. E com o tempo, os próprios seres humanos tornaram a fertilidade tão negativa,

que a sexualizaram e a erotizaram, assim como fizeram em todos os outros sentidos, pois o acúmulo de alimentos também se tornou um vil comércio no qual quem não pode adquirir o mínimo para sobreviver, morre de fome na frente de gigantescos armazéns, onde são armazenados os frutos das férteis terras.

A fertilidade tem sete níveis por onde ela flui, pois é um mistério divino da criação e da geração. Se um símbolo fálico a identifica, isto só se refere ao sétimo sentido da vida, pois na fé seu identificador simbólico é a lança, ou as vias por onde a fé flui.

Assim, no alto está o mistério Sete Lanças e no embaixo está o mistério "Bab'iim Ka-hesh", onde existem sete vias naturais por onde ele flui: a vegetal, a mineral, a ígnea, a telúrica, a eólica, a aquática e a cristalina, que no sétimo sentido da vida dão sustentação à geração e à concepção.

Já o Mistério Sete Lanças flui através do primeiro dos Sentidos: o pensamento. E também fluem por elas as sete essências: a vegetal, a mineral, a ígnea, a eólica, a telúrica, a aquática e a cristalina.

No alto, o Mistério Sete Lanças é um Trono Celestial regido pelo mistério Ogun.

No embaixo, o Mistério Bab'iim Ka-hesh yê é regido pelo Trono Cósmico Mehór yê.

Se atentarmos para esta interpretação, que é a correta, as correspondências simbólicas formarão os dois polos do ser humano, onde o pensamento só é positivo se for fertilizador da fé, e a fertilidade sexual for sustentadora (fortalecedora) da vida.

Fé e vida são sinônimos de Criador e criação; e são inseparáveis, pois a fé sem vida é estéril, e a vida sem a fé é uma aberração que conduz os seres à bestialização de seus polos negativos.

Sim, pois no centro genésico do ser humano está assentado seu polo negativo, e no centro coronal está o polo positivo.

E entre estes dois polos extremos estão todos os outros, identificadores dos outros cinco sentidos básicos sustentadores de toda a criação.

É preciso que se reflita muito sobre os sete sentidos da vida, pois por cada um deles flui naturalmente em maior quantidade uma das sete essências que aqui, e em outros escritos nossos, identificamos como o "setenário sagrado" ou a Coroa Divina.

Cristalino	Pensamento/Fé	Oxalá	Fé	→Pensamentos
Ígneo	Justiça/Purificação	Xangô	Justiça	→Razão
Vegetal	Conhecimento/Vida	Oxóssi	Conhecimento	→Percepção
Telúrico	Evolução/Passagens	Abaluaê	Saber	→Raciocínio
Aquático	Maternidade/Geração	Iemanjá	Geração	→Criatividade
Eólico	Lei/Movimento	Ogun	Lei	→Equilíbrio
Mineral	Amor/Concepção	Oxum	Amor	→Sensação

Isto justifica e explica as lendas africanas sobre os orixás quando associam Oxalá à fé e Oxum à concepção.

Oxalá fertiliza a religiosidade com suas irradiações estimuladoras da fé, e Oxum estimula a concepção com suas irradiações de amor.

Oxum é simbolizada por um "coração divino", pois atuando no emocional dos seres os aproxima através de suas irradiações de amor, que aceleram o batimento cardíaco dos que se amam e os estimulam a formarem pares que com toda certeza acabarão gerando uma ou várias outras vidas, cumprindo a sentença divina que diz: "crescei e multiplicai-vos!".

Oxum é essência mineral por excelência divina e uma de suas atribuições é atuar através do coração (amor) das criaturas, unindo-as para que participem harmoniosamente da concepção de uma nova vida.

Oxum atua sustentando a concepção; Iemanjá atua na geração.

Meditação e reflexão: eis a chave dos mistérios da Coroa Divina.

☙ ✝✝✝✝✝✝✝ ❧

Bem, voltando à nossa história, eis que assim que acabou de absorver o simbólico Bab'iim Ka-hesh, o templário começou a sentir como se um vulcão tivesse se instalado em seu sétimo sentido da vida, e estivesse prestes a explodir, pois rompeu todas as vestes energéticas que o cobriam e ostentou um poder indescritível, além de ter ficado tão rubro quanto um ferro incandescente. E ele, incomodado, clamou:

— Valei-me, meu Deus! Socorra-me antes que uma explosão devastadora me reduza a poeira cósmica!

— Acalme-se, Bab'iim templário! — ordenou-lhe o sagrado Mehór yê.

— Não consigo conter esta energia tão poderosa!

Mas Mehór yê fixou atentamente sua visão na dele e ordenou:

— Aponta teu Bab'iim Hesh para aqueles tronos degraus e projete cordões ligando seu Bab aos que os encimam.

O templário fez como lhe havia sido ordenado. Depois recebeu nova ordem de Mehór yê:

— Recolhe-os ao teu sétimo sentido, Bab'iim templário!

Num refluxo induzido pelo sagrado Mehór yê, um a um todos foram absorvidos, enquanto o templário emitia um gemido lancinante, e todo o seu corpo espiritual cobria-se de chamas rubras. Mas quando a absorção terminou, elas adquiriram a tonalidade alaranjada, e pouco a pouco foram se recolhendo.

Mais algum tempo e até a sua "cor" natural o templário voltou a ostentar.

— Plasme novamente sua veste templária, Bab'iim Iór Hesh yê! — ordenou o sagrado Mehór yê.

Depois, perguntou:

— Como se sente, servo da Concepção?

— Melhor, senhor meu. Mas...

— Mas...?

— Eu recorrerei a quem é de direito para descarregar este mistério. Estou bem, meu senhor!

— O tempo irá mostrar que adquiriste a centelha cósmica que te equilibrará como um mistério em si mesmo, Bab'iim Iór Hesh yê.

— Se isto me dizes, assim o tempo irá mostrar-me, senhor meu.

Mehór yê voltou seus olhos para o Exu Bab'iim e ordenou:

Ative seu mistério, Exu Bab'iim!

Quando ele o ativou, recebeu um fluxo energético poderosíssimo que o deixou rubro da cabeça aos pés.

— Recolhas esta energia ao seu sétimo sentido! — ordenou Mehór yê.

— Auxilie-me, sagrado Mehór yê! Vou explodir em mil pedaços se não me sustentares!

— Eu te sustento, Exu Bab'iim.

Pouco a pouco ele foi recolhendo as energias ao seu sétimo sentido, até que voltou a ser o que era: uma caveira portando um vigoroso Bab.

— Como se sente agora, Exu Bab'iim?

— Sinto-me bem, senhor meu.

— Tens certeza?

— Sim senhor. Só um pouco excitado, mas acho que isto é assim mesmo, não?

— É sim, Exu Bab'iim. Esta energia, se a irradiares nos Bab's carnais, os estimularás, e se as direcionares aos Bab's espirituais, despertarás neles o desejo.

— Era esta a essência que absorvi através de Hassan?

— Sim. Ele a absorveu quando se apossou do cetro simbólico de um dos tronos já absorvidos pelo Bab'iim Iór Hesh yê.

— Isto aquele safado não me revelou. Vou retirá-lo dele daqui a pouco, sagrado Mehór yê.

— Faça isto... e o entregue ao Bab'iim poeta.

— A mim, meu senhor?! — perguntou o templário Dante, assustado.

— A você, Bab'iim poeta. Aquele cetro simbólico irá estimulá-lo a sustentar a concepção em vários níveis.

— Sim, senhor. Ouço-o e obedeço-o.

— Podeis retornar à vossa esfera para que eu me recolha, fechando novamente o mistério cósmico Mehór yê... para que meu polo oposto possa abrir-se e receber o Bab'iim Iór Hesh yê.

Eles recuaram sem voltar as costas ao sagrado Mehór yê. E quando alcançaram novamente o lugar onde estavam antes, o círculo rubro se fechou, deixando tudo na escuridão. Depois, a própria mancha negra diluiu-se, deixando tudo como antes.

Exu Bab'iim olhou para seus Ar'iim Bab'iim e falou:

— Fiz tudo isto por vocês, seus naturais devassos! Não me obedeçam como quero e fulmino-os e reduzo-os a poeira cósmica. Ouviram?

— Ouvimos, poderoso Exu Bab'iim. Ouvimos e obedecemos!

— Transportem-se para o meu assentamento natural e esperem-me lá.
— Sim, senhor, nosso senhor!
Assim que eles volitaram, Guido falou:
— Estou gostando do rumo que as coisas estão tomando, templário Bab'iim!
— Você está se revelando o mais natural dos Exus, Guido! — exclamou o poeta, rindo do jeito como ele se impunha sobre seus auxiliares.
— Bab'iim poeta, como se tem saído com minha Senhora na Luz?
— Já a humanizei em parte, Exu Bab'iim.
— Que parte?
— Despertei nela o amor às caídas humanas. Ela irá acolhê-las e direcioná-las na sustentação da concepção.
— E quanto ao resto?
— Que resto?
— Oras, bem sabes a que me refiro, Bab'iim poeta!
— Ah!
— Puxa, finalmente entendeste.
— Bom, nós temos muitas afinidades mentais, sabe.
— Mentais? Dissestes... mentais?
— Isto mesmo.
— Então você não... ah... me entendes, não?
— Claro que te entendo. Mas se isto tivesse ocorrido, eu não revelaria a ninguém, compreendes?
— Ela é meu polo na Luz, Bab'iim poeta. Assim, correndo riscos não terei tranquilidade para realizar tudo o que já idealizei. E além do mais, se já tivessem...
— Ficará na dúvida, Exu Bab'iim. Com esta dúvida a "incomodá-lo", não irás exceder-se pois saberá que eu, o seu polo na Luz, poderei enviá-lo ao inferno ou deixá-lo solto na esquerda.
— Quem fica solto na esquerda termina escravo dos outros, Bab'iim poeta!
— Nós dois sabemos disso, certo? Logo, porte-se como o que é ou aquela espada que ela carrega será usada.
— Eu só preciso de um pouco mais de liberdade, sabe?
— Sei. Mas para seu próprio bem, console-se com a que já possui, certo?
— Bom, não adianta tentar convencê-lo a humanizá-la em todos os sentidos. Logo, a solução é fertilizar a sua mente, Bab'iim poeta. Vamos até onde está o safado do Ar'iim moosh Bab'iim. Aquele chacal precisa ser virado do avesso ou mais adiante me arranjará algum tormento que ainda não provei.
— Quais você já provou?
— Dos que conheço, todos. E os que não conheço, prefiro nunca ter de conhecê-los.

Os dois deixaram ao templário a tarefa de conduzir aquele degrau aos domínios de Dab'iim Mahór e foram virar Hassan pelo avesso.

— Bab'iim poeta, quantos mistérios é possível um espírito ocultar em si mesmo?, perguntou Guido a Dante.

— Todos. Por quê?

— Bem, Hassan já atua com desenvoltura nas trevas há uns quinhentos anos, mais ou menos, certo?

— Isto mesmo.

— Ele, que nunca foi um idiota, deve ter se apossado de muitos cetros simbolizadores de mistério. Vou encontrar o acesso a este esconderijo dele nele próprio, antes de extraí-los.

— É muito difícil fazer isto, Exu Bab'iim.

— Será uma prova de minha capacidade mental e visual.

— Qual é seu interesse real nele?

— Hassan, por alguma razão, consegue nos fazer crer no que ele acredita. Não vou reconduzir aqueles dois tronos para os domínios cósmicos de minha senhora Oxum das Sete Pedras antes de descobrir tudo sobre ele, sabe!

— Está certo. Vamos estudá-lo com atenção e descobrir o mistério que o torna assim.

Os dois centraram suas visões e mentes em Hassan e deram início a uma contemplação profunda.

Com o passar do tempo, sem nada descobrirem, o poeta sentenciou:

— Este Hassan parece humano, mas não é um espírito humano, Exu Bab'iim. Ele se parece mais com um gênio caído.

— Gênio caído? Quem são essas criaturas?

— Eles são de uma classe de seres que manipulam os "axés" da natureza. Alguns tomam gosto pelas coisas humanas e, tal como nas lendas, assumem a forma e a natureza de alguém, passando daí em diante a viver a vida desse alguém, assim como a sê-lo.

— Compreendo. Se procuramos Hassan nele, encontramo-lo, pois ele absorveu tudo dele, certo?

— Isto mesmo. O verdadeiro Hassan deve ter tentado apoderar-se do mistério desse gênio e algo deve ter saído errado, acontecendo o contrário. O gênio tornou-se Hassan, e daí em diante vem vivendo-o, pois ele é um reflexo de Hassan.

— Um reflexo?

— Isto mesmo. No "corpo" essencial desse gênio, por reflexão, uma cópia idêntica do verdadeiro Hassan foi formada... com memória e tudo o mais.

— Deve haver uma forma de acessarmos a natureza oculta desse gênio, Bab'iim poeta.

— O único que poderia nos indicar como, seria o verdadeiro Hassan. Mas onde ele estará?

Após pensar um pouco, o Exu Bab'iim exclamou:
— Acho que sei onde ele está. Eu vi este safado entregar um cruzado-caveira a uma criatura e depois lançar o que dele restou num monte de ovoides. Acho que o verdadeiro Hassan está lá, Bab'iim templário!
— Vamos procurá-lo, Exu Bab'iim!
De um em um, eles foram penetrando na memória imortal dos ovoides amontoados ao lado do Trono da Pedra Rubra. Quando só uns poucos restavam, o poeta localizou o resto imortal do verdadeiro Hassan. Mas não revelou ao Exu Bab'iim seu achado, preferindo ocultá-lo para estudá-lo mais tarde. Aí, tento acabado o exame, e com ele oculto no bolso de sua vestimenta templária, pediu:
— Exu Bab'iim vou consultar meus superiores para ver se sabem algo sobre os gênios e como acessá-los. Espere meu retorno para voltar a encontrar-se com Hassan, pois ele, o gênio, pode muito bem anulá-lo e assumir sua natureza, passando a viver sua vida... sem que nos apercebamos de nada.
— Incrível como por aqui as coisas aconteceram. Vou refugiar-me nos domínios de minha senhora. Se descobrir algo, encontre-me lá, Bab'iim poeta!
— Eu o procurarei, Exu Bab'iim. Acautele-se com aquele gênio.
— Estou com vontade de dar uma lição dolorida naquele safado.
— Mais tarde eu o encontro nos domínios de sua senhora e aí saberemos como anulá-lo.
O poeta seguiu um rumo, e Guido outro. Ao aparecer diante de sua senhora, esta lhe perguntou:
— Deseja mais alguma lição, Exu Bab'iim?
— Não por enquanto. Eu preciso que me revele tudo sobre os gênios, minha senhora.
— Por quê?
— Estou com um em minha legião de Exus Ar'iim, e acho que o safado está pensando em apossar-se do meu mistério.
— Ele já se apossou, Exu Ar'iim, de um gênio caído.
— O quê?!
— Quando você o subjugou mentalmente ele absorveu todo o seu mistério e agora está à espera do momento ideal para reduzi-lo a um ovoide e assumir seu lugar como Exu Bab'iim.
— Inclusive o Mistério Sete Escudos?
— Tudo o que havia em você no momento em que fixou sua visão na dele, refletiu nele e por ele foi absorvido. Agora só tem a mais que ele a centelha que absorveu do sagrado Mehór yê.
— Que loucura!
— É, gênios humanizados são perigosos, Exu Ar'iim de um Bab'iim gênio.
— Como fazer para anulá-lo, minha senhora?
— Eu não sei como anular gênios, Exu Ar'iim do Bab'iim gênio.

— Eu ainda sou Exu Bab'iim, minha senhora. Aquele gênio safado pagará caro pela confusão que vem armando nos domínios naturais. O Bab'iim poeta foi consultar seus superiores para encontrar um meio de anular aquele gênio.

— Fique aqui até ele voltar, Exu Ar'iim do Bab'iim gênio. Assim que ele estudar o ovoide de Hassan, ele o libertará.

— Ele achou o ovoide?

— Sim.

— Então ele me enganou. Que Bab'iim poeta dissimulado!

— Ele agiu corretamente, pois o gênio estava vendo tudo o que você via, e agora está observando-o. Portanto, continue aí, curvado, e não olhe para mim!

— Sim senhora, minha senhora.

Guido ficou ali, curvado, diante do Trono Negativo das Sete Pedras, à espera do retorno do poeta. Sem outra alternativa, o jeito foi resignar-se com aquela situação, que parecia não terminar mais.

Quando estava prestes a ter um acesso de ira, o poeta surgiu e falou:

— Pronto, Exu Bab'iim. Já anulei o gênio!

Guido pediu licença à sua senhora, olhou para o lado, e viu o poeta com dois Hassans perto dele.

— Mas... qual é o verdadeiro? E o falso, qual é?

— Este é seu teste, Exu Bab'iim. Descubra-o e anule-o, ou seja absorvido pelo falso Hassan.

— Droga, isto não se faz a um irmão de mistério, Bab'iim poeta!

— É para o seu próprio bem, Exu Bab'iim. Existem muitos gênios caídos atuando camuflados como espíritos humanos e criando confusões infernais.

Guido meditou bastante antes de voltar sua visão para um deles, e quando isto fez, pousou-a nos Bab's deles, e os analisou demoradamente. Então sentenciou:

— O da direita é o falso Hassan, certo?

— Tem certeza ou não?

— Tenho sim, Bab'iim poeta.

— O que o levou a esta conclusão?

— Há um cordão ligando o Bab dele ao meu. Isto o verdadeiro Hassan não poderia fazer, pois havia sido reduzido a um ovoide, antes de minha descida aos infernos.

— Muito bem, Exu Bab'iim. Mas ainda existe outro identificador. Tente descobri-lo e automaticamente anulará o gênio caído.

Guido refletiu mais um pouco e focou sua poderosa visão nos olhos do falso Hassan. Daí a pouco todo o corpo plasmado dele começou a diluir-se, só restando uma criatura que era um mistério em si mesmo, pois era o que era: um gênio.

E a uma ordem mental de Guido, ele começou a "devolver" todos os símbolos identificadores de tronos de que já havia se apossado.

Não foram um ou dois não, pois aquele gênio caído já vinha vagando pelas trevas humanas há vários milênios. Só quando ele havia devolvido todos, Guido projetou aquela energia que o sagrado Mehór yê o havia dotado. O gênio começou a gritar e a ser consumido por ela, que o reduziu a um minúsculo ovoide em poucos segundos.

— Como encontrou a semente original dele, Exu Bab'iim?

— Eu não sei ao certo, mas deduzi que se ele não era um espírito humano, bastaria eu localizar a fonte que sustentava o corpo energético dele e fechá-la, que o deixaria descoberto. Depois, como eu estava certo, refleti-o nos meus olhos e o deixei ver a si mesmo, anulando-o a partir da visão de si mesmo. Aí o subjuguei à minha vontade e extraí tudo o que ele ocultava. Fácil, não?

— Quando se sabe, realmente é.

— Por que ele o obedeceu e o acompanhou até aqui, Bab'iim poeta?

— Isto é um mistério. Logo, não posso lhe revelar.

— Eu ainda descubro este mistério.

— Claro que sim. Mas aí... bem, ele já o terá descoberto e não se importará em abrir-se a você.

— O problema dos mistérios é este, não?

— É sim. Quando pensamos que estamos possuindo-os, na verdade eles já nos absorveram e estão se mostrando a nós para que possam fluir naturalmente.

— Bem, aí está seu Bab'iim simbolizador de um mistério, Bab'iim poeta!

— Vou incorporá-lo ao meu todo espiritual e deixá-lo fluir naturalmente como ordenou o sagrado Mehór yê. Quando o templário retornar dos domínios de Dab'iim Mahór, procurá-lo-emos para darmos início ao recolhimento dos tronos solares.

O templário poeta foi-se e Guido também voltou ao seu assentamento, onde M'golo o invocava e solicitava ajuda. Algum tempo depois devolveu os dois tronos paralisados à sua senhora.

Mais de um ano se passou sem que ele voltasse a ver os templários. Mas eram tantas as solicitações de M'golo e M'bala, que até se esqueceu deles, voltando toda sua atenção para as pessoas sob sua proteção.

Certa noite, estando ocupado com M'golo, recebeu a visita deles, que ficaram observando-o enquanto dava respostas às consultas feitas ao feiticeiro da tribo, já tido como o mais poderoso de toda aquela região. Pessoas da mesma etnia, mas de outras aldeias, vinham consultá-lo devido à fama que se espalhara rapidamente.

Não havia um caso que Exu Bab'iim não solucionasse.

E se o assunto era casamentos ou concepção, então era certa a resposta positiva.

O respeito dedicado a Exu Bab'iim, pelo menos ali, suplantava todas as outras divindades naturais cultuadas naquela região da África.

A noite já ia acabar quando M'golo terminou com as consultas e toda a tribo dançou para Exu Bab'iim, o protetor da fertilidade e da fecundidade, da abundância e da fartura de toda aquela gente simples, mas muito respeitadora das divindades naturais.

Respeitosamente, ele dirigiu-se até onde estavam os dois templários e os saudou reverentemente.

— Nós já localizamos todos os sete tronos solares, Exu Bab'iim. A hora de retirá-los das esferas humanas chegou. Você nos acompanha?

— Antes tenho de distribuir todos os pedidos de ajuda, Bab'iim templário. Não me demorarei!

— Não se apresse. Retornaremos ao amanhecer, quando terá despachado para seus auxiliares todos os pedidos recebidos. Você é mesmo digno do Mistério Exu!

— Se os do alto apreciam o meu trabalho, satisfeito me sinto, Bab'iim templário. Já recuperei todos os tronos que minha senhora me ordenou... e conquistei o direito de formar uma falange de Sar'iim auxiliares só minhas (Sar'iim são o que hoje na Umbanda chamamos de bombogiro).

— É, nós vimos suas Sar'iim, Exu Bab'iim. São tão ativas quanto seus Exus Ar'iim. A senhora da concepção está feliz em ter um Exu como você a serviço dela. Voltaremos ao amanhecer.

Assim que o sol despontou no horizonte os templários apareceram, e portavam na cintura suas longas espadas, assim como escudos simbolizadores do Mistério Sete Escudos.

— Por que tudo isto? Vai haver luta?

— Tentaremos evitar este recurso extremo. Mas é melhor estar preparado para o caso de alguma reação violenta.

— Vocês são poderosos Bab'iim templários. Ninguém ousará reagir às suas ordens.

— Aí é que você se engana, irmão de mistério. Os tronos solares estão fortemente assentados e seus atuais ocupantes petrificaram-se no tempo e ainda se acreditam senhores dos destinos dos espíritos caídos em seus domínios. Eles incorporaram tantos mistérios cósmicos e fúrias infernais àqueles tronos solares que, com toda certeza, reagirão com violência à nossa aproximação.

— Por onde começaremos?

— Bom, há um trono no astral negativo da terra dos antigos faraós; um outro no astral negativo dos hindus; um outro no astral negativo persa; mais um no astral maia; um outro no chinês; outro no norte da Europa e outro na região central das estepes, dominada por mongóis.

— Eles foram distribuídos por todo o planeta, não?

— Mais ou mesmo. E todos na mesma época. Não durou mais de três séculos o estabelecimento do culto ao Deus Sol em regiões tão distantes entre si e em povos tão distintos. Isto sim é um mistério, Exu Bab'iim.

— Vou plasmar-me como servo do agrado Ogun Sete Escudos... mas e a espada? Vocês vão me dar uma igual à que usam?
— Não. Você seria fulminado se tocasse em uma dessas.
— Estou tão negativo assim?
— Não. Apenas está atuando com tanta intensidade com energias cósmicas, que provocaria uma descarga ao contrário se empunhasse uma dessas espadas.
— Bom, tenho meus próprios recursos e vou armar-me com eles.
Pouco depois, já armado com uma espada alimentada pelo fogo da destruição, ele falou:
— Estou pronto, irmãos do peito! Só não entendo por que o sol dos seus escudos são dourados e o do meu é rubro.
— Isto é assim mesmo, Exu Bab'iim escudado. Siga-nos!
Pouco depois, já no astral inferior da religião maia, aproximaram-se do colossal Trono do Deus Solar, paralisado em seu polo positivo desde que algum sacerdote começou a realizar sacrifícios humanos em honra ao Deus Solar. Mas no polo negativo, todo ele ativo e ocupado, espíritos petrificados no tempo olharam inamistosamente para eles.
— Não vai ser fácil convencê-los — falou o templário poeta, muito preocupado.
— Não vai mesmo — concordou o outro templário. — Mas vamos desocupá-los, pacificamente ou não.
— Posso irradiar minhas energias paralisantes nos bab's deles e torná-los impotentes. Aí tudo será mais fácil, falou o Exu Bab'iim.
— Ou difícil, Exu Bab'iim. Estes espíritos desenvolveram-se mentalmente, não sexualmente. Eles são portadores de poderosos mentais negativos, e talvez este recurso do teu mistério se mostre inócuo para eles.
— Despertar o desejo intenso os desequilibraria mentalmente?
— Só estaríamos fornecendo-lhes novos recursos negativos, pois imediatamente incorporariam o desejo aos seus mentais e desejariam intensamente a nossa destruição.
— Isto complica tudo, Bab'iim templário. Só nos restaram as espadas e os escudos.
— Talvez não. Eu vou ativar o meu escudo e irradiar energias naquele sol simbolizador do trono regente de todo o degrau. Alterando a polaridade dele, automaticamente anulo o maior poder desses espíritos caídos; quanto a vocês, protejam-me caso eles reajam ativando mistérios negativos para anular-me.
— Até onde podemos reagir? — perguntou o templário poeta.
— Até paralisá-los.
— O fogo de minha espada não é paralisante — avisou Guido.
— Bom, tente usá-la com humanismo, pois assim que eu tornar este trono regente positivo, todo o magnetismo desse degrau será alterado e eles serão expelidos dos seus assentos naturalmente.

— Vou tentar, Bab'iim templário.

Mas, mal o templário ativou o poderoso escudo, uma violenta reação teve início. Todos os tronos-graus ativaram seus processos energéticos e magnéticos negativos contra eles, tentando anular a irradiação positiva.

O templário poeta ativou sua espada e seu escudo ao mesmo tempo, bloqueando parte daquelas energias negativas. Já Guido, ao ativar seu escudo e sua espada, criou um foco irradiante tão poderoso que as labaredas do fogo da destruição avançaram sobre os tronos-graus e apavoraram tanto os espíritos que os ocupavam que eles desapareceram no mesmo instante.

Pouco depois, o sol simbolizador do mistério que sustentava tornou-se dourado e foi iluminando todos os tronos-graus, que começaram a explodir ao contato da aura dourada que envolveu todo o degrau.

Quando todo o negativismo foi anulado, um esplendoroso trono solar inundou de luz todo o lugar sombrio em que o degrau se encontrava.

— Vou absorvê-lo com o sol do escudo! — avisou o templário, invertendo o fluxo do seu escudo que passou de irradiante para absorvedor. E o monumental degrau energético começou a fluir para dentro daquele sol dourado, de onde era enviado à dimensão onde o senhor Ogun Sete Escudos estava assentado.

Quando tudo terminou, Guido comentou:

— Não foi tão difícil, irmãos do peito.

— Vamos sair daqui antes que aqueles espíritos readquiram ânimo para atacar-nos — ordenou o templário.

— Para onde vamos agora, irmão? — perguntou o poeta.

— Ao astral persa onde o segundo trono solar está paralisado pelo negativismo. Sigam-me!

Só que, ao surgirem diante do segundo trono solar, os espíritos que haviam fugido do primeiro estavam ali à espera deles. E os atacaram com seus recursos pessoais, assim como os que estavam assentados nos tronos-graus.

Um poderoso choque energético e magnético ali aconteceu, pois os três também eram portadores de muitos mistérios poderosos, que ativaram para se defenderem e anular aquela reação tão violenta e inesperada.

Mas o que acabou com o negativismo ali ativado contra eles, mais uma vez, foi aquele fogo irradiado pela espada de Guido, que se espalhou de tal forma que envolveu todo o degrau e reduziu os ocupantes dos seus tronos a ovoides.

A debandada dos espíritos restantes foi imediata diante daquele fogo que consumia instantaneamente quem era alcançado por suas labaredas.

O problema é que todo o degrau energético e magnético ficou ardendo no meio do fogaréu. O templário comentou:

— Eis o resultado de uma ação negativa da lei.

— Eles é quem a desencadearam, Bab'iim templário — justificou-se Guido.

— Não estou censurado-o, irmão de escudo. Só estou observando o que acontece com quem reage à Lei.

— Como anularemos este fogo? — perguntou o poeta.

— Ative o sol da vida de seu escudo, irmão. Projete o fluxo irradiante diretamente no sol simbolizador do trono regente e sustente a energização dele até alterar a sua polaridade para o positivo. Acredito que o oposto a este fogo destrutivo seja a luz do sol da vida.

— Assim farei, irmão.

Após o fluxo alcançar o sol simbólico ardendo em chamas, o templário poeta, mentalmente, foi intensificando-o até que as chamas se apagaram.

Pouco a pouco aquele sol foi se esverdeando, e quando o símbolo passou para a polaridade positiva, uma luz verde-esmeralda começou a ser irradiada.

— Intensifique o fluxo irradiante, irmão — ordenou o templário. — Sustente o fluxo até que todo o degrau se polarize positivamente!

Algum tempo depois, numa reação de dentro para fora, uma esplendorosa e muito irradiante luz verde explodiu e tanto apagou todo o fogo da destruição, como tornou aquele lugar iluminado com sua cor verde-esmeralda.

— Absorva-o no seu sol da vida, irmão — ordenou o templário, encantado pela beleza daquele degrau solar da vida.

Quando surgiram diante do terceiro trono, localizado no astral negativo hindu, no atual Butão, para ser mais preciso, em vez de alguma reação, o que encontraram foram muitos espíritos ajoelhados e curvados com a cabeça encostada no solo escuro.

— Acho que já sabiam da nossa vinda, Ciro. — comentou o poeta.

— Tenho certeza de que sim, irmão. Vamos assumir o destino deles e conduzi-los a um abrigo apto a despertá-los para a evolução. Vou falar a eles, pois estão assustados com o que está acontecendo.

Recorrendo ao seu poderoso mental, o templário comunicou-se com todos ao mesmo tempo, inundando-os com seu amor à vida.

Ali se demoraram mais tempo, pois encaminharam todos os espíritos petrificados no tempo e paralisados em suas evoluções. Só alteraram a polaridade daquele trono solar quando todo aquele plano da lei e da vida já não abrigava mais nenhum espírito.

E dali em diante reações já não aconteceram mais, pois ao chegarem já encontravam os degraus desocupados, e quem desejava seguir com eles estavam ajoelhados e recurvados contra o solo.

Quando o último trono, o do sol vermelho, foi recolhido por Guido, ele comentou:

— Nunca imaginei assistir a algo parecido, irmãos de escudo. Como explicar tudo isto?

— Estes espíritos foram paralisados no tempo, irmão. O negativismo que acumularam deveu-se ao desaparecimento do culto ao Deus Solar. Eles haviam caído e lhes faltou um referencial divino para se reerguerem, já que no plano natural a religião deles tornou-se negativa.

A partir daí estacionaram no tempo e agruparam-se em torno dos tronos solares, que eram suas únicas referências religiosas nos planos negativos onde a lei havia recolhido-os por afinidades emocionais, energéticas e magnéticas. A lei é sábia até nas esferas ou planos negativos.

— Começo a ter uma nova visão das coisas, Bab'iim templário. Tudo começa a se encaixar, mesmo no astral negativo, — falou o Exu Bab'iin.

— Tudo está ordenado pela Lei, Exu Bab'iim. Às vezes encontramos regiões escuras onde parece reinar o caos, mas, na verdade, os senhores do alto do Altíssimo vigiam tudo... e todos. E só esperam o momento certo para reintroduzirem os que estacionaram no grande ciclo reencarnatório.

— Esta vista do alto do Altíssimo deve contemplar todos ao mesmo tempo, não? — perguntou Guido.

— Contempla, irmão de escudo. Com toda certeza nós também estamos sendo contemplados neste momento.

Guido, instintivamente, olhou para o alto, mas logo voltou seus olhos para o solo e murmurou:

— Que droga! Como um verme como eu ia querer olhar para o alto e ver algum dos Senhores do alto do Altíssimo?

— Talvez se olhar novamente veja realmente um dos Senhores do alto, irmão nosso! — exclamou o poeta, muito feliz, e olhando para cima.

— O quê?! Eu não vi ninguém, Bab'iim poeta!

— Olhe novamente, irmão nosso. — sugeriu o templário, também com o rosto voltado para o alto.

Guido olhou, e o clarão dourado ofuscou-o momentaneamente, pois do alto do Altíssimo uma divindade celestial contemplava-os realmente, e a eles se mostrou em todo o seu celestial esplendor.

Pouco a pouco, ou porque a visão deles foi se expandindo, ou porque aquele ser celestial se projetava até eles, parados num plano escuro, o fato é que o mais majestoso Trono celestial, já visto por algum deles, a eles se mostrou.

— Meu santo Deus!!! — exclamaram quase em uníssono, quando no mesmo nível e à frente deles aquele Trono Celestial posicionou-se, pairando um pouco acima do solo, que ficou como que a arder num fogo dourado.

Eles contemplavam tudo num estado que chamamos de êxtase da alma.

Pouco depois, posicionaram-se em torno daquele Trono divino, sete tronos, cada um encimado por um escudo protetor da coroa divina.

— Os sete Oguns Escudos! — exclamou o templário, caindo de joelhos e soluçando alto.

— Meu Deus! — exclamou o poeta, fazendo o mesmo.

Guido, em vez de ajoelhar-se, estendeu os braços e clamou:

— Ampare-me, meu Deus! Não quero cair mais do que já caí e me afastei do Seu esplendor e glória. Perdão, meu Deus! Perdão porque pequei em seu Santo Nome!

Mais ele não falou porque ajoelhou, cobrindo o rosto com as mãos. Começou a chorar convulsivamente.

Uma voz abrasadora falou no íntimo deles, dizendo-lhes:

— Eu sou Oxalá yê, vosso senhor no alto do Altíssimo, filhos meus. E contemplo-os o tempo todo e todo o tempo. E vejo-os e ouço-os o tempo todo e todo o tempo. E no silêncio da fé lhes falo todo o tempo e o tempo todo. Em momento algum deixo de vê-los, ouvi-los ou falar-lhes no silêncio da fé. E, só através da fé vocês me verão, ouvirão e comigo falarão o tempo todo... porque eu sou a fé divina manifestada a partir do Altíssimo do Alto.

Mais aquela voz abrasadora não lhes falou. Mas ao redor dele surgiram os sete tronos solares já ocupados por sete seres celestiais. E cada um irradiou um sol simbólico que flutuava, indo pousar no centro dos escudos deles, onde foram absorvidos e incorporados ao Mistério Sete Escudos neles existentes; e os mesmos sóis, os escudos dos sete Tronos Ogun Sete Escudos absorveram.

Então à direita daquela manifestação divina surgiu o divino Ça-Ri-Iim-Em-Iin-Iór-Hash yê, o celestial senhor Ogun Sete Escudos de proteção da Coroa Divina, que estendeu sua mão direita e irradiou um fluxo azul, um dourado e um vermelho, que se condensaram bem na frente deles, dando forma a três espadas com as respectivas cores.

Azul para o poeta, dourada para o templário e vermelha para o Exu Bab'iim.

— Recolham-nas servos do meu Senhor! Souberam usar com equilíbrio os seus escudos protetores dos mistérios da Coroa Divina. E porque não deixaram desamparados os espíritos que estavam jungidos aos tronos celestiais da divindade "sol da vida", que um dia "humanizou-se" para acelerar a evolução humana, eis que vosso celestial Oxalá yê se manifesta diante dos seus olhos para lhes mostrar de forma concreta que ele só é abstrato no coração dos que se abstraem diante da vida, mas nunca é abstrato na vida dos que concretizam a vida nos corações petrificados. E seu humano ato de recolher e recolocar na senda evolucionista humana aqueles milhões de espíritos alegrou tanto a Vida que o Sol da Vida se manifesta neste momento diante dos seus olhos. Recolham suas espadas, pois foram ungidos com o título de Escudos Protetores da Vida. E, portanto, com estas espadas poderão dar início à formação de falanges de espíritos protetores da vida e defensores dos mistérios da Coroa Divina. Que cada um de vocês, dentro dos seus limites, isto não deixe de fazer, pois o Sol da Vida anima o mistério de seus escudos e suas espadas da Lei e da Vida. Do alto do Altíssimo vosso senhor Oxalá contemplará suas vidas, servos do Mistério da Concepção.

— Salihed, Mehís Ça-ri'iim! — saudou-os o divino senhor Ogun Sete Escudos.

A seguir, para o alto do Altíssimo aquela manifestação única se refluiu, tornando-se invisível aos olhos deles.

Trêmulo, o templário recolheu a espada dourada que pairava na sua frente, e o mesmo fez o poeta, que perguntou:

— Exu Bab'iim, não vai recolher sua espada da Lei?

— Não vou ser fulminado pelo mistério que a anima?

— Claro que não. Agora você é um Mehí Mahar e senhor desta espada da Lei e da Vida. Recolha-a, pois só você pode retirá-la de onde ela se encontra.

— Eu...

— Recolha-a e siga-nos — ordenou o templário.

— Para onde?

— Vou incorporá-lo ao templo dos hierarcas espadados, onde serás orientado, instruído e ensinado sobre seus deveres e obrigações de agora em diante quanto ao Mistério Espada da Lei e da Vida. Afinal, já és um guardião das trevas, irmão de escudo e de espada. Siga-nos!

Guido foi conduzido a um templo gigantesco que muito o impressionou. Seu estilo arquitetônico, sem deixar de ter a aura religiosa, no entanto não se assemelhava a nenhum tempo específico de alguma religião conhecida.

Entre os dois templários, caminhava observando todos os detalhes, que no conjunto faziam daquele templo uma obra ímpar na hierarquia.

— Quem construiu isto aqui é um gênio, Bab'iim templário — comentou ele.

— Gênio é muito pouco para quem construiu este templo, irmão. Nós o denominamos de "o Supremo Arquiteto do Universo", ou Deus, o nosso Senhor.

— Vocês são...

— Somos templários, irmão. Somos "guardiões do templo" que, simplificando, significa isto: guardiões religiosos. A nós não importa a religião a ser guardada, pois nos atemos a um único detalhe: se Deus está Se manifestando através dela, nós a protegemos.

— Há quanto tempo você ingressou neste templo, guardião?

— Há pouco, muito pouco tempo, irmão. Só duzentos e cinquenta anos, mas sou um templário desde outras eras, já que sempre estive envolvido na proteção dos processos religiosos. E você também, irmão. Só que não tem ainda uma noção clara desse aspecto de sua vida. Não é por acaso que o Trono das Sete Cruzes, no lugar original dele, era ocupado por você.

Assim como os Sete Sóis da vida são um mistério de Oxalá yê, as Sete Cruzes também são. Todos os Mistérios da Fé pertenceram ao Mistério Oxalá yê. E se ele se manifestou para você, é chegado o momento de reassumir seu grau de protetor da fé. Nós, há tempos atrás, recebemos de nossa senhora Oxum das Sete Cachoeiras a missão de ampará-lo e direcioná-lo para um retorno à sua origem. Agora inicia seu retorno, e como templário cósmico o incorporaremos à ordem dos "guardiões do templo", regida pelo Mistério Divino Protetor da Coroa Celestial.

Continuará a ser o Exu Bab'iim, e a sustentar a concepção. Mas dentro de pouco tempo estará habilitado a assumir o trono regente do degrau das Sete Cruzes e dar início à reconstituição da hierarquia que o tornará no que já foi: um trono protetor do Mistério da Fé.

De todos os cantos do planeta irmãos templários o auxiliarão a reconquistar todos os tronos-graus ainda espalhados pelas esferas espirituais, alguns nas positivas e outros nas negativas, mas todos atendendo às necessidades da Lei.

Os que estão nos domínios da luz já estão ocupados por seus senhores ancestrais, e muitos deles já evoluíram tanto que se transformaram em mistério da fé em si mesmos. Eles o auxiliarão nesse seu retorno à sua origem, irmão!

Quanto aos graus caídos nas esferas negativas, também caídos seus ocupantes ainda se encontram. A você competirá atraí-los, esclarecê-los, instruí-los, ampará-los e reequilibrá-los para que mais adiante venham a estar aptos a reassumirem seus assentos no Degrau das Sete Cruzes. Mas nunca estarás sozinho nesta jornada, pois até onde possa imaginar, sempre tem algum templário vigiando os tronos caídos. E só não os resgatam porque os senhores dos tronos regentes ainda não estão aptos a assentarem-se neles e ativarem o mistério maior do Degrau.

Eu ostento uma cruz de luz em meu peito e, no entanto, não posso ocupar aquele trono regente, pois não sou o senhor natural dele. Conheço espíritos que são luz celestial pura em todos os sentidos e são tronos-graus daquele degrau. E, no entanto, nenhum deles pode ocupá-lo, pois não são os senhores do trono regente.

Há uma hierarquia e, ao contrário dos tronos imperiais da terra, aqui na luz eles não são disputados ou cobiçados, mas tão somente são protegidos.

Nós lamentamos quando o senhor de um trono cai e é forçado a desocupá-lo. Mas tudo fazemos para reconduzi-lo novamente ao seu trono-assento.

Nós somos hierarcas e, como tais, temos por dever principal sustentar as hierarquias; às nossas próprias e a dos nossos irmãos e irmãs, pois hierarcas femininos também existem.

Ao contrário do plano material ou das esferas negativas, não desejamos os tronos alheios, pois sabemos que só os seus originais senhores não serão atormentados pelo mistério que através deles se manifestam.

Nós somos templários, somos Guardiões do Templo. E por templo, entenda nós todos, pois Deus flui em tudo e em todos, e tendo nosso íntimo puro e isento dos vícios humanos, nosso templo interior estará apto a manifestá-lo em nós mesmos. Nós também somos templos onde Deus fez sua morada e através de nós é sentido por nossos irmãos. A maior glória de Deus não está em poder se manifestar externamente, irmão. Esta glória reside no fato de Ele se manifestar internamente, Oculto, através de Sua criação. E nós somos criação Dele, somos Seus templos vivos, pelos quais Ele se manifesta e se nos mostra vivo, vibrante e atuante.

Você é um templo vivo, irmão. Purifique seu interior e nele Deus fará sua morada luminosa. Deixe Deus ocupar seu templo interior e mais oculto, e nele muitos habitarão inconscientemente, pois encontrarão Deus.

O templário não era tão abrasador quanto Oxalá yê enquanto falava, mas era portador de uma fé tão intensa que abrasava Guido por inteiro e em todos os sentidos. E sem que se apercebesse, foi transportado para o recinto mais oculto daquele majestoso "Templo de Templários".

Quando o templário silenciou, Guido estava com as faces cobertas de lágrimas, trêmulo e vibrando intensamente.

— Olhe à sua volta, irmão templário!

Guido olhou e viu-se cercado de luminosíssimos espíritos que ostentavam no peito o símbolo da cruz. Cada um tinha a sua com uma cor própria.

— Quem são vocês, irmãos? — perguntou Guido.

— Somos teus irmãos de origem, irmão das Sete Cruzes da Fé e da Lei — respondeu um deles. — Temos orado ao nosso Senhor pelo teu retorno, reequilíbrio e reassentamento no trono regente para que todos nós, religados ao nosso degrau, possamos resgatar os nossos, ainda envoltos pelas ilusões e vícios humanos. Com teu despertar, tudo será mais fácil, irmão amado!

— Perdoem-me se os tenho atrasado, irmãos na luz do nosso Senhor.

— Você não nos atrasou, irmão. Apenas tem tornado mais difícil nossa evolução, pois, num nível celestial, o mais elevado e luminoso aos olhos humanos, aos olhos do nosso senhor, não o é mais que o menos iluminado ou evoluído de seus irmãos de origem. Do "todo" somos apenas partes. E do todo que um Trono-degrau é em si mesmo, pois és um mistério do "Todo", assim somos iguais ao mais frágil ou menos evoluído dos nossos irmãos graus-tronos.

— Por que tive que me atrasar tanto e atrasá-los também?

— Muitos dos nossos estão atrasados, irmão. E só você retornando até onde eles se encontram e estendendo-lhes suas mãos e seu amparo, naquele trono regente todos nos reuniremos e, aí sim, como um todo evoluiremos harmoniosamente.

— Sinto-me tão envergonhado, irmãos de origem. Cometi tantos erros e pecados!

— Nenhum de nós está isento de cometê-los quando adormecemos na carne. Mas ao despertarmos para as verdades do espírito, Deus nos faculta tantos recursos para que os reparemos, que logo nos sentimos dignos do dom da vida, que a Deus pertence.

— Eu fui um dos mais tenazes, obstinados e canalhas perseguidores das Ordens Templárias. Por que, se mais um eu também já fui?

— Nós temos dois polos, irmão. Se no positivo, somos o que somos: guardiões do Mistério da Fé. No negativo somos o contrário, e somos anuladores dela e adoradores do materialismo insano. Os extremos anulam-se!

— Sim, isto eu já aprendi em outra situação.

— Mas saíste maravilhosamente bem em confiar a um dos teus o teu polo positivo feminino.

— Vocês sabem disso?

— Sim. Nós o temos intuído mentalmente à distância. E temos participado da humanização dela para que lá, ela também não venha a ser anulada. O extremo desejo que você vibrava a incomodava e a fazia repelir qualquer coisa nesse sentido. Mas suas ações positivas posteriores estão descarregando-a naturalmente e permitindo que seja humanizada.

— Tenho tantas dúvidas, tantos vazios a serem preenchidos pelas verdades!

— Nós estamos aqui para recepcioná-lo e auxiliá-lo, irmão de origem. Permita que o despertemos de vez para as verdades eternas, e este vazio será todo preenchido pelo teu Senhor e Senhor teu Deus.

— Eu imploro que façam isto por mim, meus irmãos de origem... e de fim.

Guido foi incorporado à ordem dos Guardiões do Templo como mais um protetor dos mistérios do "UM" que Deus é.

Sem deixar de atuar como Exu Bab'iim, deu início ao despertar consciente do hierarca que já havia sido no passado.

Naquele templo "Templário" foi instruído, esclarecido, ensinado e harmonizado com seus pares templários.

Dezoito anos depois, em 1532 d.C., foi contemplado com o grau de Hierarca Templário da Santa Cruz. E algum tempo depois, tendo encerrado mais uma noite de consultas ao lado do já velho M'golo, viu surgirem alguns espíritos-caveiras todos cobertos com uma veste roxa e encapuzados, só deixando à mostra as mãos e o rosto-caveira. Mas Guido imediatamente detectou neles um elevado grau ocultado por aquelas estranhas aparências.

Dirigiu-se até eles e perguntou:

— No que posso ajudá-los, irmãos Hierarcas do Campo-Santo?

— Viemos convidá-lo a ir ter com o nosso senhor Omolu, irmão hierarca.

— Eu vou despachar os pedidos de meu intermediador com o plano da matéria. Faço isto num instante, irmãos hierarcas!

— Não se apresse, irmão. Deixe um auxiliar de confiança para substituí-lo, pois poderá se demorar um pouco nos domínios do sagrado Omolu.

— Cuidarei disso também.

Pouco depois Guido seguia com aquele grupo de hierarcas do Campo-Santo regidos pelo seu guardião cósmico: o sagrado Omolu, conhecido dos africanos como divindades das "doenças".

Numa interpretação simplista, identificam-no com as doenças "exteriores" e materiais. Mas, na correta interpretação do mistério cósmico que ele é em si mesmo, é o Trono cósmico responsável pelas doenças da "alma".

Que fique entendido que alma não é espírito.

Espírito, só os seres humanos possuem, pois é o envoltório energético que os sustenta nesse estágio da evolução. Já a alma é a centelha divina que anima os seres e os individualiza ou particulariza.

Muitas confusões acontecem por causa dessa não observação, pois uma alma, tanto a tem o ser humano quanto os seres irracionais. Almas diferentes, pois animam criaturas diferentes, mas são centelhas que individualizam todas as criaturas.

A alma humana é imortal, o espírito com forma humana não. Este, no decorrer da evolução, vai se sutilizando e chega a um nível em que ele começa a se diluir devido à expansão da alma. A luz dos espíritos não é gerada pelo envoltório (perispírito), mas sim pela alma imortal despertada conscientemente para as verdades maiores e eternas.

Por isto salientamos que o sagrado guardião Omolu, um Trono Cósmico em si mesmo, é o médico das almas, e não só dos espíritos.

Omolu tem o poder de curar os enfermos na carne. Mas esta é uma de suas muitas qualidades essenciais divinas, uma entre suas muitas atribuições, e um de seus atributos "humanizados" quando o Trono Cósmico Omolu concretizou-se no continente africano como uma divindade natural.

Aqui, eu, Benedito de Aruanda, M.L., e com a autorização do sétimo Trono do Sagrado "Omolu", revelo que o "orixá" Omolu foi humanizado em solo africano, pela primeira vez, há exatos dezoito milênios atrás, quando seu terceiro Trono encarnou e semeou no meio material o Mistério Omolu.

Entendam que a civilização existente naquela época era toda ela "naturista" e era regida pelos senhores da natureza, que são os "nossos" orixás, que outras designações ou nomes identificadores possuíam, já que o termo "orixá" é de recente memória. Mas porque orixá tornou-se sinônimo de "divindade natural", prevalece ele nos nossos escritos, ainda que se denominarmos Omolu como divindade natural animado por uma centelha divina cósmica por excelência, estaremos dizendo a mesma coisa.

O sagrado Omolu é um Trono Cósmico regente de todo um processo energético e magnético voltado para a cura das "almas doentes". E estas almas não existem só na dimensão humana, pois nos reinos elementares ou nas dimensões naturais, almas que lá vivem também adoecem e precisam ser amparadas até que sejam curadas e redirecionadas em suas evoluções ou despertar da consciência.

O nível onde os hierarcas dos tronos de Omolu atuam é o Campo-Santo, pois todo espírito que é "enterrado" (interpretem isto) junto com seu corpo físico está com a alma enferma.

Os tronos por onde flui o Mistério Omolu atuam, cada um numa das sete essências (cristalina, vegetal, mineral, aquática, ígnea, eólica e telúrica), mas a partir delas, em níveis diferentes, também atuam em todas as outras essências, curando as almas enfermas.

Nosso Trono regente no Campo-Santo, o sétimo Trono Omolu yê, "cura" as almas enfermas no sentido da "fé", mas nos domínios da sagrada Inaê Iabá, o primeiro Trono de Iemanjá, ele atua como curador do sentido da "geração". Mas em sentido inverso, o Trono Inaê Iabá adentra nos domínios do Campo-Santo para curar as almas enfermas no sétimo sentido da vida, que é a "geração". Assim explicado, saibam que o sétimo Trono Omolu é o polo oposto de Inaê Iabá, o primeiro Trono de Iemanjá.

O sétimo Trono Omolu restabelece (cura) a fé nos domínios da geração, e o primeiro Trono restabelece (cura) a geração nos domínios da vida. Ou, numa outra interpretação, Omolu devolve a fé ao mistério da geração, e Iemanjá devolve a geração aos que "morreram" para a vida.

No X, temos isto:

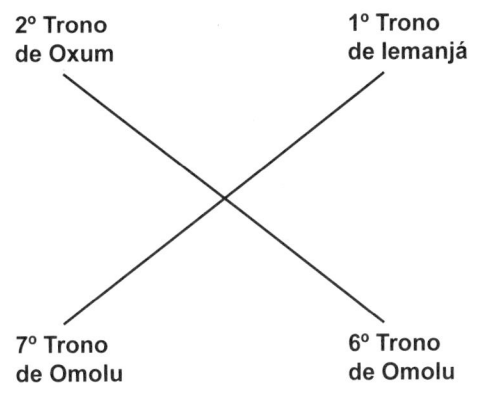

```
2º Trono              1º Trono
de Oxum               de Iemanjá
         \           /
          \         /
           \       /
            \     /
             \   /
              \ /
              / \
             /   \
            /     \
           /       \
          /         \
         /           \
7º Trono              6º Trono
de Omolu              de Omolu
```

Estes tronos são o que os escritores e pensadores do Ritual de Umbanda Sagrada definiram como orixás regentes de níveis vibratórios, pois atuam em todas as dimensões, ainda que não no mesmo nível em todas elas, pois o sétimo Trono Omolu, na hierarquia celestial Xangô yê, "relaciona-se" com o sétimo Trono Xangô yê, que no meio umbandista é conhecido como senhor Xangô da Pedra Preta.

Nos Xs temos isto:

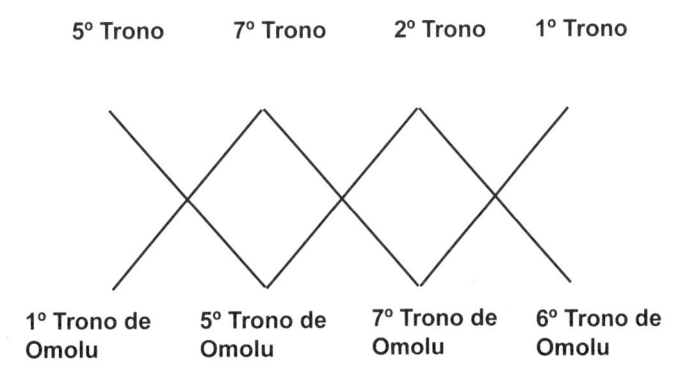

```
5º Trono    7º Trono    2º Trono    1º Trono
```

1º Trono de Omolu   5º Trono de Omolu   7º Trono de Omolu   6º Trono de Omolu

Não vamos desdobrar aqui a ciência do X, ou da polaridade magnética, pois este é só um conto biográfico do Guardião das Sete Cruzes. Mas podemos garantir que os atuais escritos, ditos iniciáticos dentro do meio umbandista, estão caindo num abstracionismo antinatural que não contribui em nada para a cultura religiosa dos adeptos do Ritual de Umbanda Sagrada.

E se isto alertamos, é porque somos templários ligados ao primeiro Trono de Ogun yê (defesa da fé) e ao sétimo de Omolu (cura da fé); ao primeiro de Iemanjá (defesa da geração) e ao seu polo negativo que é o mesmo sétimo Trono de Omolu (restituição da fé na geração).

A ciência do X, celestial por excelência, talvez um dia a concretizemos no plano material, talvez não.

Tudo dependerá da vontade dos Senhores do alto do Altíssimo (os orixás) e do desejo de aprender do nosso médium psicógrafo, servo de Ifá para a divulgação do conhecimento.

☙ ✞✞✞✞✞✞✞ ❧

Bem, voltando à nossa história, o fato é que Guido adentrou nos domínios do sagrado Omolu, onde foi sendo instruído, ensinado, equilibrado e esclarecido sobre seus mistérios, atributos e atribuições naturais regidos pelo senhor do Trono Cósmico (negativo) oposto ao polo positivo, que é ocupado pelo celestial Trono Obaluaê.

No X celestial temos isto:

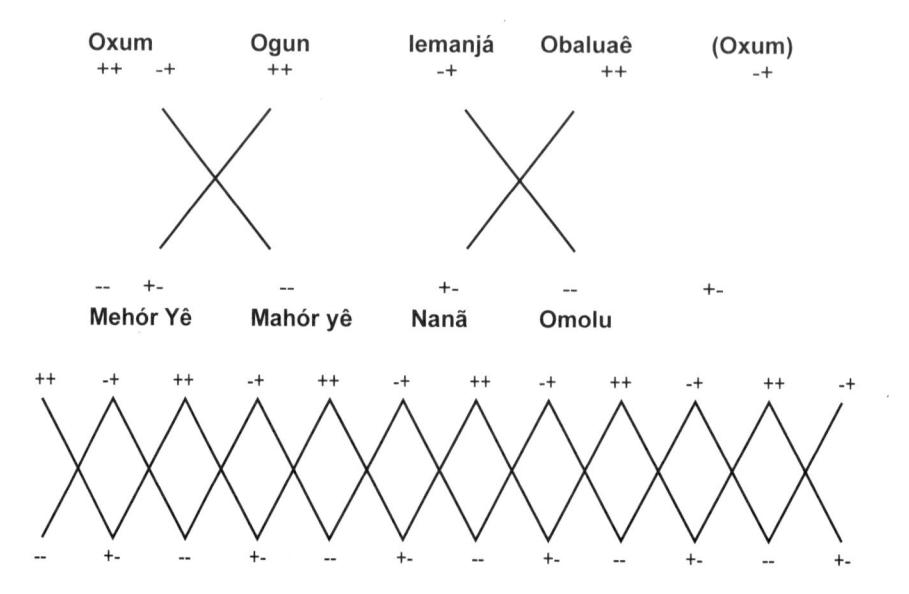

Oxum	Ogun	Iemanjá	Obaluaê	(Oxum)
++ -+	++	-+	++	-+

Mehór Yê	Mahór yê	Nanã	Omolu	
-- +-	--	+- --	+- --	+-

Enfim, eis aí parte da ciência do X, divina por excelência!

Omolu é um mistério da criação e suas irradiações têm o poder de curar as "almas enfermas".

Tudo isto Guido aprendeu com aqueles hierarcas do sétimo Trono de Omolu, o orixá natural que atua através da essência, e é regido pelo setenário sagrado, sempre através do X, onde polaridades são estabelecidas por causa das afinidades nos atributos ou correspondências magnéticas, mas de polaridades opostas que nunca se tocam, pois se anulam.

Quando terminou sua preparação, Guido foi convidado a assumir conscientemente o trono regente do Degrau das Sete Cruzes, pois aí poderia dar início à formação ordenada de hierarquias afins com o Mistério das Sete Cruzes da Coroa Divina.

Após absorver o cetro simbólico identificador do Trono das Sete Cruzes, uma cruz roxa surgiu em seu peito, simbolizando o campo ou nível onde aquele trono estava assentado: o polo negativo ou lado cósmico do Campo-Santo (reino dos mortos), regido pelo Trono Omolu, Senhor das almas enfermas.

Guido já era em si mesmo o Mistério das Sete Cruzes, e recolheu tudo em seu íntimo, voltando ao seu assentamento, onde um Ar'iim seu o estava substituindo razoavelmente bem. E tanto convenceu M'golo e M'bala que Guido, ou o Exu Bab'iim, ordenou-o como seu manifestador junto aos dois M'bandas (feiticeiros tribais).

— Vou comandar tudo a distância, Exu Ar'iim Bab'iim. Se você falhar, eu o anulo e o lanço em sua dor final. Mas se agir em acordo com o meu mistério, no futuro será elevado do grau de Ar'iim para o de Exu Bab'iim de 1º grau.

— Não o decepcionarei, poderoso Exu Bab'iim — falou o novo Exu a responder pelo mistério Exu Bab'iim.

— Começe a formar sua linha de auxiliares ou Ar'iim, Exu Ar'iim Bab'iim — ordenou Guido. — Tens de ter teus próprios auxiliares. Mas sê tão rígido e inflexível com eles como eu tenho sido e sempre serei contigo.

— O rigor e a inflexibilidade serão a tônica que me regerá, meu senhor.

— Absorva este Bab'iim simbolizador do meu mistério e ele fluirá naturalmente através do teu Bab natural, Exu Ar'iim Bab'iim. Mas se ativares inconsequentemente, teu Bab deformar-se-á e em um tormento em tua vida ele se transformará... novamente.

— Ainda não me esqueci do que me aconteceu quando não atentei para o real sentido dos Bab'iim, meu senhor.

— É bom nunca esqueceres, pois caístes no embaixo uma vez e Mehór yê o poupou, mas uma segunda queda será fatal e serás reduzido a poeira cósmica, Exu Ar'iim Bab'iim. Lembre-se que eu o vigio, mas Mehór yê olha-o atentamente para ver se realmente aprendeste tua lição "humana".

— Aquela lição foi desumana, meu senhor.

— Justamente foi isto que eu disse. Na lição humana deverias ajudar só aos que mereciam ou precisavam ser ajudados. Mas ajudastes a todos indistintamente, atendendo até a pedidos desumanos. E pagaste caro, não?
— Sim, paguei muito caro.
— Então a tua lição humana só exige que atendas a pedidos de ajuda humanos, não os desumanos; quando tais pedidos forem feitos, ou não fazes nada ou atuas em sentido inverso e humanize quem o formulou.
— Humanizá-lo?
— Claro. Como fostes "humanizado"? Não foi na dor?
— Ah!, entendi. Só a dor humaniza um espírito caído no seu polo negativo, não?
— Só mesmo. Não adianta advertir. Terá de fazê-lo provar o que deseja que façamos por ele contra um semelhante dele. Seu mistério é sustentador da concepção... e ponto final. Tudo o que contrariá-la, deve ser anulado ou lançado na dor.
— Assim é o mistério que flui em mim, e assim eu serei, poderoso Exu Bab'iim.
— Assim serás, Exu Ar'iim Bab'iim.

Guido começou a preparar Exus Bab'iim aptos a responderem pelo seu mistério, e foi confiando a eles os locais distantes já usados para solicitação pelos feiticeiros de outras aldeias, que confiavam a Exu Bab'iim solicitações relativas à concepção.

Elas iam desde a punição a cônjuges relapsos, devassos, traidores, etc., até a ajuda para selar uniões (casamentos). Gravidez difícil ou indesejada também entravam no rol de solicitações.

Às difíceis, receitavam ervas propiciadoras da fertilidade ou da fecundidade; e às indesejadas, um marido às pressas era arranjado.

O fato é que Exu Bab'iim era respeitado, cultuado e reverenciado como emissário da Senhora da Concepção, a orixá Oxum. Exu Bab'iim, na concepção, respondia por ela, e ponto final.

Por dois séculos aquela região multiplicou-se populacionalmente por muitas vezes. E o pior aconteceu: atraiu a avidez dos escravocratas europeus, que realizavam o tráfico de negros africanos para as Américas.

Pouco a pouco um cerco de ferro (correntes) e fogo (armas modernas) foi se fechando em torno daquele povo e fazendo desaparecer aldeias inteiras da noite para o dia.

Exu Bab'iim foi lamentar-se com sua Senhora Cósmica, clamando por seu auxílio para deter aquela destruição de toda a sua semeadura da Concepção.

— Eu afastei outros povos inimigos, anulei abortadeiras, protegi a reencarnação de espíritos necessitados de uma nova oportunidade na matéria, minha senhora! Até estimulei o conhecimento nos meus manifestadores na carne. Por que agora vêm os escravagistas e levam-nos embora para bem longe?

— É a Lei Maior agindo tanto pelo alto quanto pelo embaixo mais uma vez, Exu Bab'iim. Ordena a todos os teus Ar'iim que amparem, dentro de seus limites espirituais a concepção na terra onde serão estabelecidos teus protegidos.

— Já visitei a nova terra, minha senhora. Meus protegidos na carne são tratados com tanto desumanismo que sinto vontade de punir severamente aqueles seres bestiais. Eles violam as meninas ainda impúberes, tomam para si as mais belas mulheres e maltratam a todos indistintamente. Como Exu que sou, não posso aceitar passivamente tudo isto.

— É a Lei Maior atuando, Exu Bab'iim, não tomes para ti uma coisa que está sendo conduzida tanto pelo alto quanto pelo embaixo. Pega quantas filhas minhas precisares, para colocar ao lado de cada uma de minhas filhas na carne uma encantada cósmica apta a sustentá-las mental, racional e emocionalmente. Tendo minhas encantadas a dar esta sustentação a elas, a concepção será menos dolorosa. Só não deixes que Exus caídos ou espíritos negativados venham a se apossar de minhas encantadas cósmicas, Exu Bab'iim.

— Como protegê-las se irão se expor aos canalhas caídos?

— Usa de teus recursos; todos, se necessário. Mas que uma só não venha a ser possuída pelos caídos, tanto os naturais quanto os humanos. Já tens tua nova missão. Realiza-a, Exu Bab'iim!

— Sim, senhora.

Exu Bab'iim, com uma vibração mental, reuniu todos os seus Exus Ar'iim, que se contavam aos milhares, e transmitiu-lhes as ordens a cumprirem. Armou-os com espadas portadoras do fogo da destruição e escudos com o sol rubro, distribuindo-os aos pares com as encantadas cósmicas, que amparariam as filhas de sua senhora na nova terra.

— Qualquer um que tentar apossar-se de uma encantada cósmica de minha senhora, fulminem-no e reduzam-no a ovoide, Exus Ar'iim Bab'iim! — ordenou ele.

— Acalme-se, irmão do peito! — exclamou uma voz conhecida atrás dele, que se voltou feliz e sorridente.

— Bab'iim poeta! Que alegria em revê-lo depois de tantos anos!

— Também estou feliz em revê-lo, Exu Bab'iim.

— Como foi sua missão nesta nova terra?

— Positiva, muito positiva, irmão do peito. Já temos milhares de feiticeiros espalhados por todos os lugares.

— Como está o Bab'iim templário?

— Desencarnou há alguns anos... e está se recuperando das últimas mágoas.

— Ele não caiu, caiu?

— Não, irmão. Apenas se magoou muito. Mas logo estará de volta aos domínios dos orixás. Afinal, ele protegeu todos os feiticeiros que nós encaminhamos para ele, e todos mantiveram acesa a fé nos senhores do alto do Altíssimo, os Orixás.

— Posso revê-lo?

— Ainda não. Ele não o reconheceria.

— Que pena que um templário tão luminoso quanto ele teve de voltar à carne, não?

— A semeadura foi luminosa, Exu Bab'iim. De tão luminosa que foi, vim convidá-lo a sustentar uma protegida de minha senhora, também muito luminosa, que reencarnou e vai ser uma médium muito poderosa... se contar com sua proteção e auxílio à esquerda dela.

— Quem a sustenta na luz?

— É a senhora Oxum da Lei, Exu Bab'iim.

— Eu gostaria de protegê-la pessoalmente. Mas...

— Tua senhora na Luz já não será influenciada pelo teu Bab'iim, irmão do peito.

— Finalmente a humanizaste?

— Isto é um mistério e não posso comentar. Só te digo que ela não sofrerá qualquer influência energética e magnética do teu Bab'iim.

— Então já não corro o risco de ficar solto na esquerda?

— Não. E quero teus Exus Ar'iim Bab'iim e teus escudos servindo às auxiliares dela na nova terra, onde já estão atuando à direita das filhas da senhora Oxum das Sete Cachoeiras.

— Os dois polos assentar-se-ão na horizontal?

— Sim. Mas um ficará à direita e o outro à esquerda. E, como sempre, o negativo curvar-se-á diante do positivo quando ficarem diante dos orixás maiores.

— Claro. A hierarquia será mantida sempre, certo?

— Isto mesmo, Exu Bab'iim.

— Quando serão formadas as novas linhas de forças energéticas e magnéticas?

— Segue-me, e traze contigo todos os teus Exus Ar'iim Bab'iim e Escudos, assim como as filhas de tua Senhora Cósmica.

Uma enorme "mancha" cósmica volitou rumo à nova terra onde os orixás já estavam se assentando, e sendo assentados pelos seus "filhos e filhas de santo".

O Bab'iim poeta, ou templário Dante, plasmou-se como um "nego" e apresentou-se assim a Guido:

— Exu Bab'iim, aqui sou o Nego Dito, e assim me mostro aos encarnados, ou quando estou protegendo meus filhos e filhas encarnados.

— Por que nêgo? O que este nome significa?

— Os brancos chamam os velhos benzedores de negos feiticeiros, e negos nós somos. Eu sou o nego Dito, e ponto final.

(No século XVII e XVIII, os benzedores negros, chamados de nêgos pelos brancos, eram muito solicitados por estes quando estavam doentes ou "enfeitiçados", como diziam então; com o tempo e com o advento das linhas dos M'bandas, que deu origem à linha de Umbanda que se manifestava nos cultos afros, o termo "nego véio" foi substituído por "preto-velho", quando, então, fixou-se no inconsciente coletivo religioso regido pelos orixás como a linha dos Pretos-Velhos).

O fato é que o Exu Bab'iim conheceu a nova terra, e a sua protegida na carne não era outra senão Conchetta, a tia amante de Guido..., que havia sido recolhida pela senhora Oxum da Lei, e evoluído muito no ponto de forças das Sete Pedras.

Ela voltava à carne para ser mãe e dar à luz da matéria os três filhos abortados quando fora amante dele... e a mais alguns que também necessitavam de um reajuste no plano material.

O povo, que tivera no Exu Bab'iim um de seus mistérios protetores, praticamente foi extinto no solo africano, só restando hoje alguns milhares, já miscigenados com outras etnias.

Mas em solo brasileiro Exu Bab'iim continuou a crescer como Exu das Sete Cruzes, e com o advento da Umbanda Sagrada, um ritual religioso fundamentado nos orixás africanos e idealizado pelos Hierarcas da Tradição Natural, ele também concretizou no plano material e no inconsciente coletivo umbandista a linha dos Exu Sete Cruzes, uma de suas hierarquias regidas pelo sagrado senhor Omolu, o orixá dos enfermos na alma.

Exu das Sete Pedras, para os que não sabiam, e eram todos vocês, é o Exu Bab'iim, sustentador da Concepção.

Exu das Sete Cruzes é o mesmo Exu Bab'iim, mas se mostra como um Papa, e sustenta com o Mistério do Trono das Sete Cruzes, onde é seu Mehí Mahar, ou Exu guardião, todos os que caíram porque suas almas religiosas estavam enfermas.

Mas uma hierarquia positiva ligada no Trono das Sete Cruzes ele também formou, e ela responde pelo nome de Caboclos das Sete Cruzes, atuando quase que exclusivamente no lado oculto da vida.

Só alguns Caboclos Sete Cruzes já se manifestaram através de médiuns de Umbanda. E quando isto fizeram, eram, todos eles, curadores.

Felipe, o sobrinho-filho do Papa, é o espírito assentado no trono-grau do Degrau das Sete Cruzes que pontifica esta linha de Caboclos curadores de almas enfermas.

Como lhe disse certa vez o Papa, e que aqui repito: "Meu filho-sobrinho-primo, certa vez sonhei em lhe dar um trono na terra, e só consegui para nós dois a dor. Mas você se redimiu aos olhos do nosso Senhor, e foi presenteado com um trono do Céu que só nos conduz ao êxtase!" De fato, hoje, Felipe, como senhor Caboclo Sete Cruzes, já é um mistério em si mesmo e um Trono da luz.

Gino, o guerreiro irmão do Papa, é hoje o senhor Exu Guardião dos Sete Escudos.

Aléssio, o filho do templário Ciro "Bab'iim Néri, é hoje o senhor Exu Guardião do Cruzeiro.

Giuseppe, o tio de Guido, é hoje seu braço "esquerdo" e principal Exu Ar'iim das Sete Cruzes.

Hassan, sob a orientação do Exu Bab'iim, retornou à esquerda do Islã e está se redimindo diante do alto do Altíssimo que o rege, amparando em seus domínios as caídas por causa dos desejos não realizados.

A senhora Oxum da Lei formou uma linha de caboclas que respondem pelo nome de Caboclas da Pedra Azul.

O Bab'iim templário realmente retornou aos domínios dos orixás na nova terra, e, como o Cavaleiro da Estrela Guia, ajudou a formar tantas linhas de ação e trabalho que até a conta perdemos. Mas antes de sair para um "repouso" merecido, deixou assentado no Ritual de Umbanda Sagrada a linha das Sete Estrelas, tanto as ascendentes (positivas) quanto as cadentes (negativas), que até hoje esperam pelo retorno dele.

Quanto a mim, pai Benedito de Aruanda, bem, não vamos falar de quem inspirou ao meu médium psicógrafo mais esta história ou biografia de alguns dos muitos mistérios da Umbanda. Mas que sou um dos Mistério de Ifá, isto já descobri que sou!

Um abraço a todos os filhos da Umbanda é enviado pelo Hierarca do Mistérios das Sete Cruzes e senhor do Trono regente do degrau por onde flui um dos Mistérios da Fé.

Exu de Umbanda é isto, filhos dos orixás: um ser tão humano, mas tão humano, que às vezes chega a exceder-se quando está humanizando alguém... na dor.

Fim

Glossário

Ar' iim Iór Hesh yê — Auxiliar do Guardião celestial dos mistérios da fertilidade.
Bab — Macho, masculino.
Bab' iim — Mistério da fertilidade.
Bab' iim Ka-hesh yê — Guardião cósmico dos mistérios da fertilidade.
Bab' iim Mehór yê — Guardião cósmico dos mistérios da fertilidade.
Bab ou Bab' iim Simbólico — Cetro de poder identificador dos Guardiões dos mistérios da fertilidade. Tem formas fálicas e, no passado, foram reproduzidos em tótens ou talismãs protetores da fertilidade em diversas culturas.
Bab's Graus — Espíritos masculinos naturais, membros da hierarquia dos Guardiões da fertilidade.
Bab's ou Dab's Simbólicos — São cetros de poder que têm por funções naturais absorver e irradiar energias. Os Bab's Simbólicos podem retirar todas as energias vitalizadoras de um espírito ou criatura e deixá-los impotentes, ou pode inundá-los de energias vitalizadoras, potencializando-os. Já as Dab's simbólicas têm por funções naturais absorver e irradiar energias da concepção, e podem retirar todas as energias estimuladoras de um espírito ou criatura, deixando-os apáticos, ou podem inundá-los de energias estimuladoras da concepção.
Dab — Fêmea, feminina.
Dab'iim — Mistério da concepção.
Dab' iim Mahór yê — Guardiã cósmica dos mistérios da concepção.
Dab's Graus — Espíritos femininos naturais, membros da hierarquia das Guardiãs da concepção.
Dab ou Dab' iim Simbólica — Cetro de poder identificador das Guardiãs dos mistérios da concepção. Tem a forma de conchas marinhas.
Ça Ri' iim Em' iim Iór Hesh yê — Guardião celestial do mistério dos sete escudos guardiões da Coroa Divina.
Degrau — Mistério.
Espíritos — Seres que encarnam.
Exu — Orixá guardião de mistérios.
Exu Ar' iim yê — Entidade auxiliar dos Exus guardiões.

Exu Bab' iim yê — Entidade guardiã dos mistérios da fertilidade.
Exu Bab' Moosh iim yê — Exu guardião dos mistérios do desejo.
Gênio Caído — Ser da natureza, conhecido pelo nome de Gênio e que adquiriu gosto pelas coisas dos espíritos e afastou-se de sua dimensão natural, paralisando-se evolutivamente e regredindo consciencialmente.
Grau — Partes de um mistério.
Guardião — Espírito responsável pela guarda de um mistério da criação.
Iá Fér Mahór iim yê — Guardiã da luz e do poder do mistéio da concepção
Iá Fér Mehór iim yê — Guardião da luz e do poder do mistério da fertilidade.
Iim Dab Iá — Luz do mistério da concepção.
Mehís Ça-ri-iim — Guardiões dos mistérios da Lei que atuam sob a irradiação do mistério sete escudos.
Oxum iim Dab Iá — Orixá regente do sétimo Degrau da concepção, associada às cachoeiras.
Oxum Ma-a-iim-hesh yê — Orixá Oxum, Guardiã celestial, Guardiã dos mistérios da concepção.
Regente de Grau — Entidade regente de uma parte de um mistério.
Salihed — Cumprimento ou saudação.
Seres Naturais — Espíritos que não encarnam.

Leitura Recomendada

História da Pombagira
Princesa dos Encantos
Rubens Saraceni

História da Pombagira é um romance que se passa há muito tempo e nos remete a uma época mítica, impossível de ser detectada nos livros de História. Rubens Saraceni, inspirado por Pai Benedito de Aruanda, mostra a lapidação de uma alma, tal qual um diamante bruto, e a sua trajetória rumo à Luz!

A Evolução dos Espíritos
Rubens Saraceni

Nessa obra mediúnica psicografada pelo Mestre Mago Rubens Saraceni, os Mestres da Luz da Tradição Natural dão abertura a um novo e magnífico campo para o entendimento da presença divina no cotidiano das pessoas. Para isso, tecem breves comentários a respeito da diversidade da criação e da natureza e sobre a evolução dos homens.

As Sete Linhas de Evolução e Ascensão do Espírito Humano
Rubens Saraceni

Na senda evolutiva do espírito são vários os caminhos que podem ser percorridos para a conquista do objetivo maior, que é o de sermos espíritos humanos divinizados. Mas que caminhos são esses que favorecem um "atalho" para se chegar mais rápido ao pódio?

Orixá Pombagira
Fundamentação do Mistério na Umbanda
Rubens Saraceni

Mais um mistério é desvendado: o da Pombagira, Orixá feminino cultuado na Umbanda. Por muitos anos, ela foi estigmatizada sob o arquétipo da "moça da rua", o que gerou vários equívocos e, por que não dizer, muita confusão, pois diversas pessoas já recorreram a ela para resolver questões do amor, ou melhor, para fazer "amarrações amorosas" à custa de qualquer sacrifício.

www.madras.com.br

Leitura Recomendada

A Iniciação a Umbanda
Ronaldo Antonio Linares / Diamantino Fernandes Trindade / Wagner Veneziane Costa

A Umbanda é uma religião brasileira centenária que cultua os Orixás (divindades), os quais influem diretamente nos mensageiros espirituais, que são as entidades incorporadas pelos médiuns para que os trabalhos sejam realizados.

Livro das Energias e da Criação
Rubens Saraceni

Este livro trata de um dos maiores mistérios divinos: a vida em si mesma e as múltiplas formas em que ela se mostra. O Mestre Mago Rubens Saraceni mostra que o mistério criador de Deus transcende tudo o que imaginamos, porque o Criador é inesgotável na sua criatividade e é capaz de pensar formas que fogem à imaginação humana, por mais criativos que sejam os seres humanos.

Jogo de Búzios
Ronaldo Antonio Linares

Jogo de Búzios foi idealizado por Ronaldo Antonio Linares, com o intuito de apresentar as especificidades desse conhecido oráculo sob a ótica umbandista, bem como desmistificar as comparações entre as religiões afro-brasileiras, Candomblé e Umbanda, que, em virtude do sincretismo sofrido no decorrer do tempo, foram consideradas como sendo a mesma.

O Cavaleiro do Arco-Íris
Rubens Saraceni

Este é mais um trabalho literário do Mestre Mago Rubens Saraceni que certamente cairá no gosto do leitor, tendo em vista que se trata de um livro iniciático, que apresenta a saga espiritual do Cavaleiro do Arco-Íris, o qual é um mistério em si mesmo e um espírito humanizado a serviço do Criador nas diversas dimensões cósmicas do Universo Divino.

www.madras.com.br

MADRAS® Editora — CADASTRO/MALA DIRETA

Envie este cadastro preenchido e passará a receber informações dos nossos lançamentos, nas áreas que determinar.

Nome _____
RG _____ CPF _____
Endereço Residencial _____
Bairro _____ Cidade _____ Estado _____
CEP _____ Fone _____
E-mail _____
Sexo ❏ Fem. ❏ Masc.   Nascimento _____
Profissão _____ Escolaridade (Nível/Curso) _____

Você compra livros:
❏ livrarias   ❏ feiras   ❏ telefone   ❏ Sedex livro (reembolso postal mais rápido)
❏ outros: _____

Quais os tipos de literatura que você lê:
❏ Jurídicos   ❏ Pedagogia   ❏ Business   ❏ Romances/espíritas
❏ Esoterismo ❏ Psicologia ❏ Saúde   ❏ Espíritas/doutrinas
❏ Bruxaria   ❏ Autoajuda   ❏ Maçonaria ❏ Outros:

Qual a sua opinião a respeito desta obra? _____
_____

Indique amigos que gostariam de receber MALA DIRETA:
Nome _____
Endereço Residencial _____
Bairro _____ Cidade _____ CEP _____

Nome do livro adquirido: <u>O Guardião das 7 Cruzes</u>

Para receber catálogos, lista de preços e outras informações, escreva para:

MADRAS EDITORA LTDA.
Rua Paulo Gonçalves, 88 – Santana – 02403-020 – São Paulo/SP
Caixa Postal 12183 – CEP 02013-970 – SP
Tel.: (11) 2281-5555 – Fax.:(11) 2959-3090
www.madras.com.br

MADRAS® Editora

Para mais informações sobre a Madras Editora,
sua história no mercado editorial
e seu catálogo de títulos publicados:

Entre e cadastre-se no site:

www.madras.com.br

Para mensagens, parcerias, sugestões e dúvidas, mande-nos um e-mail:

marketing@madras.com.br

SAIBA MAIS

Saiba mais sobre nossos lançamentos,
autores e eventos seguindo-nos no facebook e twitter:

@madraseditora   @madraseditora   /madraseditora